大谷由里子
マンガ＝カワハラユキコ

オンナの敵は
男たちにも知ってほしい！ 働く女たちの現実
オンナ

きずな出版

はじめに
あなたの足を引っ張るのは、誰？

「オンナの敵はオンナ」

ちょっと過激に聞こえるかもしれないけれど、女性なら人生の中で一度や二度、そう思ったことがあるのではないだろうか。

実際、わたしは、何度もそう感じたことがある。

子どもが幼い頃に起業したため、専業主婦の友人だけでなく、専業主婦の母親にまで、「子どもがかわいそう」と、何度も責められたり、やんわりとチェックされたりした。

そんなわたしも、当初、専業主婦を選択したときには、

「子どもが幼いうちは家にいてあげるべき」

などと言っていて、結婚してても働きつづけようとしている友人を理解しようとしなかっ

た。

恋愛、昇進――女にとって、敵は、男性でなく、女であることが多い。

恋愛や昇進そのものも、敵であることも多い。

「恋愛なんて必要ないんじゃない」

「昇進してどうなるの？」

と、足を引っ張るのも女だったりする。

そして、いちばん悲しかったり、腹立たしかったりするのは、そんなときに限って男性が他の女性の肩をもつこと。

会社から「女性の活用」と言われ、一所懸命に頑張っているにもかかわらず、

「わたしは、子どもが小さくて無理」

などと言う別の女性には、

「そんな君にこそ、出世してほしいよ」

などと上司が声をかけるのを聞くと、

「わたしは何なのよ」

ということにもなる。

今回、普段は表に出ない、いろんな女性の声を集めてみた。

何がいいとか悪いとかでなく、男性にも女性の現実を知ってほしくて書くことにした。

わたしは知っている。

オンナの敵はオンナ。

そして、オンナの味方もオンナであることを。

母も含めて、わたしは、やっぱり、いろんな女性に救われてきた。

だからこそ、読者のみなさんにはこの本で、楽しく、女の世界を感じてもらって、職場やコミュニティで活《い》かしてもらえたらとても嬉《うれ》しい。

目次

第2章 生理と子育ては人それぞれ
——女だからこその問題を乗り越える

第3章 恋愛と仕事のバランス

――男と共存していくにあたって

第4章　一緒に仕事したくない女
――彼女たちの、それぞれの言い分

第5章 涙がこぼれそうなときも
——女はいつも強く、ご機嫌に生きていく

オマケの章
家の中でも、オンナの敵はオンナ？
――母親、姑、姉妹、娘とのシビアな関係

第1章 女が女に裏切られるとき

——何のために働いているのか

女性ならでは、かもしれない
個人的には「男性」「女性」でくくりすぎるのはあまり好きじゃない
はじめましてイラストレーターのカワハラです
さっぱりした「男気」あふれる女性も多いし
ついておいで!!
キャー
ねちねちした「女々しい」男性も多い
10年前の元カノの浮気いまだ許せない…
とはいえ男女の違いがまったくないかといえば…
はっ
いやちょっと待て！私いままで仕事でトラブルになったのってほぼ女性！
なんで!?
たとえば昔あるライターさんと2人で遠方取材に行くことになったとき…
取材予定は…
メール
何これプランムリありすぎ!! 移動時間とかなんも考えてないだろ!!
大丈夫〜〜!?

不安すぎていろんな提案をやんわり伝えた
下調べもすご～くした
たぶんまだ若くてライターになりたての子なんだろうな～～
面倒だけど取材先に迷惑かけたくないしな～
そして取材当日
カワハラさんですか？
やってきたライターさんはこんな女性
とってもカワイイ
よろしくお願いしま～す
30代
ライター歴は10年で～～す
でも取材プランづくりははじめてなので今回はすいませんでした～～
10年!?
いやプランづくりじゃはじめてじゃないしょ！かないのか…
あれ？この予定のお店この時間営業してなくない？アポなし取材
本当ですか？調べてませんでした～
おい!!
それってはじめて関係ない基本だろ!!

でもなんだかんだで取材が終わり
ふー トラブルなかったー おつかれさまー
今回はいろいろ助けていただいてありがとうございました～

というかんじだったのだけど
後日、この仕事先の版元から連絡があり
は？ あのライターさんが次回は私のクビを切れと言ってる？

なして？

取材中何かトラブルとかあったんですか？

え、全然何も……

何かやりにくかったみたいで別のイラストレーターさんがいいと……

いやだって……フォローしてたのはむしろ私のほうでしたけど……

？

このときは運よく取材前のメールのやりとりにこの版元さんが加わっていたこともあり……

ですよね…… ビックリするくらい仕事ができませんでしたもんね あのライターさん…… かえってすいません…

結局彼女のほうが外されることになったけど

ものすごく落ちこんだ
わーイフリーのイラストレーターってなんて立場弱いんだ～!!
一歩間違ってたらクビになってたの!?
そしていったいなんでなのよ――!!
でも周りにはこんなふうにも言われた
君さー取材中「おまえ仕事できないオーラ」出しまくってたんじゃないの?
夫
そーゆータイプに限ってプライドすっごく高いんだよ!!
友人
あんた無防備すぎ!!
じゃああっちからしたら私のほうが「敵」だったってこと…?
えーだってだってだって!!
今回は助けていただいてありがとうございました!!
じゃあその気持ちをもっと態度に出してよ!!
そーゆーの男はもっとわかりやすいよ!!
カーん
女優!? あんた女優なの!?
私も「女性」とのつき合いはいまだ修業中ですーー

女性の上司は女性に厳しい？

就職活動中の女子大生3人と会話した。

「女性の面接官に落とされたんです」

「女性が面接官だと、絶対、男性のほうに甘くて、女性にキツい」

「わかる、わかる。わたしも女性の面接官にキツいこと言われたもん」

「『残業とかもあるよ』とか『仕事が嫌なとき、どうします？』とか」

それって、普通の質問じゃないだろうか？　ところが彼女たちに言わせると、

「女性が女性に言うときって、キツいんです」

「おじさんたちのほうが優しいです」

言いたい放題（笑）。

「やっぱり、女性の敵は女性ですよ」

そんなセリフも出てきた。

「『頑張ったら、女性でも管理職になれますよ』なんて言われても魅力ないですよね」

「40歳か50歳くらいの女性でした。わたしは、あんなふうになりたくないし」

気持ちはわかる。わたしも、20代のときはそう思った。

「で、家に帰って、お母さんと話したんです。母たちの年代でそこまで働ているのは、結構キツい人が多いって」

「だって、母たちの年代って、結婚したら仕事を辞めたりしているし、やっぱり、パートくらいにしている人が多いから」

わたしも、50歳過ぎても働いているんだけどなあ。もっとも、彼女たちにしたら、そんなわたしの生き方に魅力は感じていないかもしれない。

彼女たちが感じるように、女性の面接官からの質問や空気は、男性には優しく、女性にはキツく感じられるものかもしれない。そして男性からすれば、その逆かもしれない。

実際、週刊誌の編集をしている友人と話をしているときに、こんな話になった。

「女性の編集長だと、男性のライターが多いんですよ。一方、男性の編集長のところのほうが女性のライターが多い。なんとなく、同性って使いやすいようで使いにくいのかも」

そういえば、女性のコンパニオンを何千人も使っている女性社長を招いて、

『女性の活かし方』

というセミナーを開催したことがあった。男性の管理職がたくさん来てくれると思っていたけれど、蓋《ふた》を開けたら、女性の管理職の申し込みのほうが多かった。

「どうしたら、女性の部下に意識をもって働いてもらえるか？」

「どんな言い方をしたら、前向きに仕事をしてもらえるか？」

など、結構切実な質問がたくさん出た。そして、それらの質問に対して真剣にうなずいていたのも女性たちだった。

◉上をめざせと言われても……

就職活動中の女の子たちの話は尽きない。

「出世をチラつかされても、そこまで考えていないし」

「結婚して子どもができたら、やっぱり、楽な働き方にしてほしいですよね」

「しばらくは家にいて、子どもが大きくなったら、また楽しく働けたらいいなあ」

好き勝手言っている。それどころか、

「でも、やっぱり大手に就職して、結婚するなら年収の高い人がいいよね」

「中小企業じゃ、ときめかないよね」

「結婚して子どもができたら一回専業主婦になって、ABCクッキングとかに行って、ABCクッキングの先生とかになるのもいいなあ」

ここまで来ると妄想《もうそう》状態。わたしたちの世代も同じようなものだった。

就職も結婚も、みんな未来を保証してくれるものだと思っていた。

面接官の女性も、そうだったはず。いろんなことがあって、嫌なこともあって、でも、これからの女性たちに、

「どうせ働くのなら、意識をもって上をめざしてほしい」

と思っているから、厳しい言葉が出てきたのかもしれない。

「覚悟はできているの？」と言いたかったのだろう。

そんな彼女たちは、別に覚悟をしたいわけじゃない。楽しく、イキイキと働きたいだけ。かつてのわたしもそうだった。だいたい、役員とか部長になれると言われてもピンと来ない。

「楽しく働きたいけれど、あの人が上司だったら考えるなぁ」

「落とされてよかったかも」

そんな会話にもなる。入社5年目の女性がわたしに言った。

「厳しい上司は納得できるけれど、キツい上司は納得できない」

その面接官、キツい人に見られたのだろうか？　そういえば、わたし、かつて部下に言われたことがある。

「大谷さん、キツいです」

わたしは愛情をもって接していたつもりだけれど、伝わらなかった。就職活動中の女の子たちの会話を聞いて、いろいろと考えさせられた。

女は優しくされて、あたりまえ？

給料をもらうことも、優しくされることも、仕事があることも、何でも「あたりまえ」だと思っている女性は多い。そして、そんな女性にかぎって、いつも文句ばかり言う。

「手取りが少ない」

あなたは、それだけ働いているの。

「夫の帰りが遅い」

夫も頑張っているんだよ。

「子どもが言うことをきかない」

あなたの所有物じゃないよ。

あげくの果てには、自分がしてもらったことを忘れて、

「なんで、あの人ばかり、人にいろいろしてもらえるの」

と愚痴を言ったりする。これはすべて、かつてのわたしだった。

もらえるものは何でも欲しがった。弟2人と比較して、こう言ったりもした。

「なんで、わたしよりも弟ばかりにあげるの」

働いていても親にお小遣いをもらっていた。独身のときに大阪市内にマンションを買ってもらった。結婚してからも親に家を買ってもらった。わたしは感謝よりも不満が多かった。

「弟のほうがもっとよくしてもらっている」

そんなひねくれた根性だった。

専業主婦になっても、夫に文句ばかり言っていた。

「帰りが遅い」

「構ってくれない」

要するに、いろんなものをもらうのも、愛されて優しくされるのもすべて、あたりまえのことだと思っていた。

だから、起業しても、部下のできないところばかり目についた。

◉勘違いを引き起こす原因

あたりまえのことは、あたりまえじゃない。

それがわかったのは、正直30歳を超えてからかもしれない。

阪神淡路大震災を経験した。

あの日、「今日は、明日を保証するものじゃない。昨日は、今日を保証するものじゃない」ということを思い知らされた。

仕事があることのありがたさ。

家族が無事でいることのありがたさ。

それが初めてわかったような気がする。

自分がそんなだから、人に偉そうに言える立場じゃない。でも、あたりまえのことを、あたりまえだと思っている人たちを見ると、

「あたりまえのことは、あたりまえじゃないんだよ」

「積み上げるのはなかなかだけれど、失うのは一瞬だよ」

と、つい言いたくなってしまう。

そして、あたりまえのことをあたりまえだと思っている女性が、どれだけ多いかもわかる。


給料が振り込まれて、あたりまえ。

上司がやってくれて、あたりまえ。

会社がやってくれて、あたりまえ。

夫がやってくれて、あたりまえ。

学校がやってくれて、あたりまえ。

そう思っている。

そして、その環境を職場がつくっていることも結構ある。

先日、ある会社の研修に講師として呼ばれた。女性のための研修だった。筆記用具、メモが用意されていた。

「研修に来るんだから、筆記用具くらい自分でもってこさせないと……」

正直わたしは、そう思った。

休憩時間にケーキは出てくるわ、懇親会ではワインも出てくるわ。男性スタッフは、女性に気を遣いまくり。そして女性たちは、それをあたりまえだと思っている。

ここまでする必要あるの……と思った。そして、そのことを言うと、

「このくらいしないと女性は研修に参加してくれない」

「女性活用の時代だし、女性にも研修を受けてほしいから」

なんか違う気がした。

これって、逆に女性をダメにしていないだろうか。これがあたりまえだと思わせることのほうが違う気がする。

かつてのわたしがそうだったように、与えられることがあたりまえになると、与えられないことに不満をいだくようになる。あたりまえのことが、あたりまえではないと気づいてもらうのには、結構パワーがいる。

最終的には、自分で気づいてもらうしかない。

逆もある。ある企業での女性研修。

「うちの会社、初めて女性のために研修を企画したんです」

「女性に研修なんて必要ないという考えが、いままであたりまえだったので、やったことがなかったんです」

そんな会社での研修の後の懇親会で、ある女性が言った。

「わたしたちに研修してもらえるって、ほんと感謝ですね」

あたりまえだと思っていなかったら、感謝の言葉が出る。

もっとも質《たち》が悪いのは、わたしたちみたいにバブルを経験した女。やっぱり、もてなしてもらえるのがあたりまえだと、心のどこかで勘違いしている。

どうして彼女は、やる気がないのか

ランチタイムなど、隣に座っている女性たちの会話が耳に入ってくることがよくある。先日も、ちょっとおしゃれな洋食屋さんでランチをとっているときだった。

いかにも事務職という感じの女性が3人で会話していた。

「夏休みどうする?」

「台湾の格安ツアーを見つけたよ」

「いくら?」

「3万円で行けるみたい」

「2回行けるね」

そこから始まって、「どこのスイーツが美味《おい》しい」「どこの店がおトク」とかいう話になった。まったく仕事の話は出てこない。

ランチのときくらい仕事の話はしたくないのかもしれない。そう思っていたら、仕事の話になった。

「ほんま、だるいわ仕事」

「楽しくないよね」

「ボーナスもらったら、辞める?」

「辞めない、辞めない。それなりに楽だもの」

「言えてる」

この会話を聞いていて、もし、わたしがこの会社の社長だったり、上司だったりしたらどんな気分だろうか……と、思った。

やる気のなさは伝染する。そして、ミスが起こる。

わたしは何度も、それを経験してきた。

やる気がある人は、自分でミスをしない仕組みをつくる。

たとえば我が社の場合、講師メンバーに翌日の仕事の確認を入れることになっている。

ところが、目の前の仕事に追われていると、これがよく漏《も》れる。ある女性は漏れないように、その時間にアラームをセットした。

「なるほど、こうすれば漏れないね」

と、こちらが勉強になった。

やる気がない女性が来ると、ミスしても平気。それどころか、

「ちゃんと見せているんですからチェックしてください」

と、他責にする。もっとも組織として考えると、彼女の言うことにも一理ある。

やる気のある女性は、つい仕事を抱えてしまう。

やる気のない女性は、やる気のある女性に仕事を振るのがうまかったりする。

「○○さんがやったほうが、漏れないと思うので」という感じ。

◉給料分は働いてほしい！

ところが、ここでやっかいなのは、やる気のない女性が可愛《かわい》くないとはかぎらないこと。

彼女は、男性の上司に言う。

「わたし、○○さんみたいに頑張れないんです。ダメですよね」

そんな言葉に対して、

「せめて給料分は働こうよ」

とでも言ってくれたらいいのだろうけれど、意外にも、

「そうだよね。君はね、君のままでいいんじゃやない」

「そんなにあくせくしなくてもいいよ。自分の幸せをいちばんに考えたほうがいいに決まっている」

などと言う男性は多い。

そうなると、やる気のある女性は、「わたしって何なのよ」となる。

男女共同参画の仕事などをしていると、年配の男性の中に、

「みんなに大谷さんみたいにやる気になってもらっても、男が困るよなあ」

などと言う人もいる。それどころか、

「そんな女性、可愛くないよな」

とまで言う人がいる。

そんな人にかぎって、やる気のない女性に対しては、

「君みたいな女性がいい家庭をつくるよ」

と、言っていたりする。

別にわたしは、しゃかりきになって働いてほしいと言っているわけじゃない。

ただ経営者の気持ちとして、働く以上は仕事を楽しんでほしいし、給料分は働いてほしいと思っている。

そして、やる気があって、人の倍の仕事を抱えてしまう女性もちゃんと評価してあげてほしい。

「そこまでやらなくていい」

じゃなくて、

「たまには、そこまでやるのもステキだね」

くらい言ってあげてほしい。

被害者のふりをして、仲間を誘う女性

巻き込む女は困る。

もちろん、仕事などで、楽しく仲間やブレーンを巻き込んでくれるならとっても嬉しいし、大歓迎。ところが、マイナスの巻き込みをする女性も少なくない。

27歳で起業したわたしは、わたしが出会った経営者や管理職の女性仲間と出会うたびに、そんな場面を見聞きしてきた。

仕事がつまらないとき、仕事がしんどくなったとき、「辞めたい」と思うのは個人の自由。ところが、サッサと一人で辞めてくれたらいいのに、仲間を巻き込もうとする女性は多い。

そして、本人に悪意があるのかないのか、わたしには謎だけれど、彼女は、必ずと言っていいほど正論を言い、被害者のふりをして仲間を誘う。

わたしの父は、わたしが高校生のときに大学病院を辞めて開業した。

そして、何人かの看護師さんを採用した。もともと気のいい父は、好条件で求人した。

そうすれば、みんなに気持ちよく働いてもらえると信じていた。

ところが、そんなに甘くなかった。

いちばん最初に応募してきたいちばん感じがいいように見えた看護師さんが、あとから入ってきた人を順番に仲間にした。そして、さらなる好条件を突きつけてきた。

しかも、そのときには、患者さんたちも彼女たちと親しくなっていた。

「この条件をのんでもらえなければ、みんなで辞めます」

父は困っていた。看護師さんがいなくなったら困る。でも、そんなにいろんな条件をのむわけにはいかない。その中には、お金のことや休みのこともあった。

横でわたしが見ていても、

「そんな好条件のところ、どこにもないでしょ」

という条件だった。

困っている父を見て、母が言った。

「労働基準法に違反しているわけでもないし、他よりも絶対うちのほうがいい条件なんだから、また求人広告を出して他の人を採用すればいいじゃない。人がいなくて困る間は、わたしたち家族で何とかすればいいじゃない」

そして母は、看護師さんたちに伝えた。

「わたしたちなりに精一杯やっているけれど、気に入らない人がいるなら言ってください。直接、わたしが話します」

4番目くらいに入ってきた看護師さんが、こっそり母のところに来た。

「わたしは彼女たちの仲間じゃないですから。わたしは先生についていきます」

これがきっかけで、簡単に崩れた。

他の看護師さんたちも、次々に、

「わたし、この医院が好きです。辞めません」

と言ってくれた。結局、最初の2人が去ることになった。

わたしは、そんなシーンを10代の後半で見てきた。そのときは、自分の人生にもそんなことが起きるとは思っていなかった。

◉お願いだから、巻き込まないで！

それから10年後、企画会社を経営するわたしのところには、5人の女性社員がいた。会社がどんどん大きくなっていったときに、最初からいてくれた一人の女性が仕事についていけなくなった。そして彼女は、一人ずつ、他のスタッフを自宅に呼んだり、食事に誘ったりした。

「この会社、思っているよりよくないわよ」

「辞めるなら、いまよ」

「あなたなら、あそこのお客さんはついていくよ」

そんな話をしたらしい。

巻き込むのも女なら、そんな女を裏切るのも女。いちばん若くて、当時我が社でいちばん人気だったクリエイターの女性が、わたしにすべてを報告してきた。

「大谷さん、気にしないでください。わたし、辞めませんから」

反対に集団で辞められた例も、たくさん知っている。そして、わたしも何回かは経験した。

そんなときに出てくる言葉は、

「わたし、切られる前に切ろうと思うの」

「こんな扱いされると思っていなかった」

「大谷さんは変わってしまった」

などというセリフだったりする。

正直、変わったのはどっちだろう……と、思ったりするけれど、言っても仕方ない。ただ、いつも思う。

辞めたいなら一人で辞めればいい。言いたいことがあれば、ちゃんとぶつけてほしい。でも、巻き込みたがる人は多い。

当の本人だけが知らない、噂の出どころ

「困っているの」というセリフで、噂を広められることがいっぱいあった。本当に困っているなら本人に直接言えばいいのに、このセリフと一緒に噂が広がるときは、たいてい、興味本位だったり、少しばかりの悪意が入っていたり、自慢気だったりすることがある。

大学生のとき、わたしには、つき合っている（わたしは、そう思っていた）１歳年上の彼がいた。彼と彼の友達とわたしの友人何人かで食事に行った。

帰り道、彼は、わたしとわたしの友人のともちゃん（仮名）を車で送ってくれた。

彼は、わたしをわたしの自宅で降ろした後、ともちゃんを自宅に送り届けた。

なんと、そのとき彼は、ともちゃんを口説いたらしい。

それを知ったのは、それから半年も過ぎてから。

いつのまにか彼とも疎遠になった頃に、別の女友達から聞いた。

「ともちゃんが、あなたの彼に口説かれて困っていたらしいよ」

知らない、知らない。

「みんな知ってるよ」

えっ。そっちのほうがショックだった。知らなかったのはわたしだけ。でも、ともちゃんだって、そんなことをみんなに言いふらす必要ないじゃない。

どうして、わたしに言ってくれないんだ!! その友人に言わせると、ともちゃんはとっても嬉しそうに、その話を何人もの人にしていたらしい。「ゆりちゃんに知られたらどうしよう。困ったわ」と言いながら。

◉「困るのよね」に隠された悪意

これが仕事となると、こんな話になる。あるメーカーの女性。彼女は事務職。

「営業の田中さんが言うのよね。『取引先の偉いさんに食事に誘われちゃった。わたしだけ誘われても困るよね』って。でも、ぜんぜん困ってないの。自分だけ特別扱いされてるって感じ。だいたい、本当に困るなら断ればいいのにね」

また、「困るよね」をつけて、こんなふうな話になることもある。

「先日、部長と取引先の田中さんが銀座で仲良く歩いているところを見たんだよね。あんな姿見せられても困るよね」

ただ仕事で一緒だっただけかもしれない。でも、こんなふうに言われると誤解をされることにもなる。「困るのよね」という言葉をつけるだけで、悪意があっても、自分が正しいみたいに感じることができる。だから、「困るよね」をつけるのだろうか。

ＰＴＡでもよく使われた。

「困るのよね、大谷さん、働いているから打ち合わせできなくて……」

困る前に直接言ってくれたら、何とかなるかもしれない。そして続きは、

「だから、大谷さん抜きでやりましょう」

と、結局その人が主体で話が進んでいく。

他人の幸せにブレーキをかけたい女心

「あなたのためを思って……」

この言葉には落とし穴がある。

相手が自分よりも大きなチャンスをつかみそうなとき、自分よりも幸せになりそうなとき、無意識にブレーキをかけるために、この言葉を女性が使うことは、よくある。

そして、わたしは何度も、この言葉を耳にした。

就職が決まらなくて落ち込んでいたわたしに、友達はあたたかかった。

「きっと、そのうち見つかるよ」

「就職だけが人生じゃないよ」

そんな言葉をかけてくれた。

そして、わたしが吉本興業に就職が決まって、夢と希望に胸をふくらませたときだった。

半分の友人は、素直に、

「面白そう」

「明石家さんまさんと会えるのかなあ」

と楽しんでくれた。

ところが、何人かの友達は、

「日曜日も働かなきゃならないなんて大変だよ」

「出張とかもあるらしいじゃない。生理のときもあるんだよ」

どうして、そんなにネガティブなことばかり言うのだろうと思った。

そして、そんな女にかぎって、これらの言葉をつけ加えた。

「あなたのためを思って言うんだけど」

「あなたのことが心配で」

いまから思えば余計なお世話。そして吉本興業時代には、この言葉をつけて、余計なお世話をしてくれる人がたくさんいた。

◉「あなたのため」と言う人にかぎって

横山やすしさんのマネージャーだった頃、横山やすしさんの愛人のことが女性週刊誌に書かれた。でも、その週刊誌を横山さんの奥さんは知らなかった。週刊誌ネタなんて話題になるのは1週間かそこら。そのまま知らないでいてくれたら済んだ話だった。

ところが横山さんの奥さんの友人が、ご丁寧にその雑誌を彼女のところにもっていった。「あなたのことを思うと耐えられなくて。こんなことを書かれているのよ。知らないのは、あなただけだったのよ」

いまから思えば、横山さんの奥さんだって薄々わかっていたと思う。でも、知らないふりをしていたのだろう。

ところが友達にその記事を見せられたら、やっぱり黙っているわけにはいかない。当然、横山さんを責めることになる。

横山さんは、「嫁に余計なことを伝えやがって!」とカンカンになった。

それどころか、自分を棚に上げて、「あの女を刺してやる!」と怒りまくり。

大変なのは、わたしたちスタッフ。ほんまに人のことを考えて、その女性が行動したのか大疑問。「知らぬが仏」という言葉もある。

27歳で起業してからは本当によく、この言葉を言われた。

わたしがご機嫌に仕事して、ご機嫌に稼いでいるにもかかわらず、

「あなたのためを思って言うけれど、家庭のことも大切にしたほうがいいよ」

「あなたのためを思って言うけれど、健康も大切よ」

本当にわたしのためを思ってのセリフだったのだろうか。

そんな人にかぎって、わたしがうまくいかないときに、他の友人にこう言う。

「大谷さんのことを思って、いろいろ忠告したんだけれど……」

わたしの友人の一人が言った。

「『人のため』と書いて、『偽《にせ》』と読むでしょ。人のためなんて言う人にかぎって人のことなんて真剣に考えてないよ」

その話を聞いて、「なるほど」と思った。

先日も言われた。

「あなたのためを思って言うけれど、あの人には近づかないほうがいいよ」

心配してもらわなくても、いままでたくさんの人に裏切られた。

いっぱい、人で失敗してきた。そして、これからも何度もそんな経験をするかもしれないと思っている。それらはすべて自分の責任だと思っている。

不思議なもので、そう言われた人の中には、いい人もたくさんいる。

第2章 生理と子育ては人それぞれ

——女だからこその問題を乗り越える

子育てと仕事と母と
子育てといえば私が体力的にいままでいちばん大変だったのは
息子いま4歳
息子が0歳だったとき
自営業が認められている育休は産後2カ月まで?
ハイその後は働いて収入がないと保育園の入園資格がなくなります
※私の住む自治体の場合
会社員の人は1年とか1年半育休もらってるのにな…
子どもがいると仕事ができないから保育園に入れるのになんか矛盾してるよーな…
私は元気だからいいけど産後体調崩した人はどーするんだ?
えーなんか不平等
ブツブツ
と少しひっかかりつつも産後1カ月半で仕事復帰

そして息子が保育園に入る1歳すぎまではこんな生活
昼は育児いっしょに昼寝も
寝かしつけ後&週に2回くらい数時間子ども預けて仕事
そんな生活の中であの事件は起きた
それは息子10カ月深夜3時
ギャー!!
ガバッ
何!?
えっぽうちゃん(息子)いないな、なんで…
実は息子は一人で寝室から脱け出して2階から落ちていた
ぽうちゃんが上から落ちてきたっっ
えー!!
深夜帰宅の夫

そのときはうちは
こんな状況で
私が階段上のゲートを
閉め忘れた
ネコがいるので寝室のドア開けている
風邪で↓
ぼーっとしてた
（その後ゲートを開け閉めしないタイプにした）
風邪薬飲んでてぐっすり寝てた
いつもなら息子起きた瞬間に目覚める
でもまさか赤ちゃんが夜一人で部屋から出ていくなんて…
とにかく救急車!!
結局息子は一週間入院することになり
ピーポー
ずーん…
私のせいだ私のせいだぼうちゃんごめん!!
と私が自分を責めていたら

入院手伝いで来てくれていた母がこう言った
やっぱり母親が仕事するのはどうなの？
赤ちゃんのときくらいはねえ…
え？
えーと今回は仕事してるかしてないかは関係ないよーな
仕事してなくたって風邪は引くしさ
対策の甘さとかを責められるならともかく
それにいま仕事しないとずーっと保育園に入れな
母に悪気がないのはわかってるしお世話になって本当に感謝してるけど
子育て時代は↓
専業主婦
さらに
ず
せめてこっちの事情聞いてから文句つけてほしい……
とそのときは心から思った
幸い息子はすぐ退院して元気です

子どもを預けて働くということ

わたしは、27歳でフリーランスの仕事を始めた。そのときに、市役所に保育所の申し込みに行った。

市役所の女性は言った。

「職場のハンコをもらってきてください」

当然のことながら、これから仕事を始めようとしている女性に職場なんてない。

「フリーランスで仕事を始めるんですが……」

「職場のハンコがないと無理です」

いきなり、こんな壁があるなんて思ってもいなかった。

困ったわたしは、自宅があった奈良県の生駒《いこま》の駅前の商店街をブラブラしていた。そして、見つけた看板が、「海の子」と書かれた託児所だった。

どうも無認可の託児所らしい。試しに覗《のぞ》いてみた。

無認可の託児所というと、「子どもが放っておかれて事故死」というニュースが流れるような、そんなイメージしかなかった。

でも、その託児所を経営されている三宅先生という女性に出会ったときに、その懸念はすべて吹き飛んだ。三宅先生は笑顔のとってもステキな女性だった。

「短い時間でも、いつからでもお預かりしますよ。万が一のときのために保険証とお母さんの連絡先をお願いしますね」

こうして、わたしは数時間、我が子を預かってもらうところからスタートした。

三宅先生と話をしていくうちに、世の中のいろんなことがわかってきた。

妊娠、出産を機に一度会社を辞めたお母さんたちは、再度就職するときに職場が決まるまで、こういった託児所に子どもを預けて、就職活動をすること。

職場が決まって、職場のハンコをもらえたら、公立の保育所を申し込むことを知った。

だから、2月、3月は託児所も混んでいる。そして4月になって子どもたちが保育所を利用するようになると空《す》いてくる。

◉無認可の託児所に預けるママの事情

フリーランスで仕事を始めたわたしは、職場のハンコなんてあるはずもなく、月極《つきぎめ》で、しばらく三宅先生のお世話になることにした。

保育所と比べると、決して値段は安くない。当時で月6万円くらいだった。しかも、わたしはフリーランスで仕事を始めたばかり。収入なんてあるはずもない。家庭教師のバイトをして、託児所代を捻出していた。

三宅先生は、もともと和歌山で幼稚園の先生をしていた。夫の実家が幼稚園で、そこで働いていた。子どもが大好きなのに、子どもができなかった。

そんな中で嫁と姑《しゅうとめ》で揉《も》めて、「これ以上、争いたくない」と、夫と2人で奈良にやってきて託児所を始めた。

子どもへの愛情もいっぱいで、2歳の我が子は、すぐに三宅先生になついた。それどころか、迎えに行っても、「帰りたくない」と泣く始末。

朝7時から夜の8時まで開《あ》いている「海の子」に子どもを預けているお母さんの職業は、さまざまだった。女医さんもいれば、看護師さんもいた。学校の先生もいれば、保育園の先生もいた。みんな保育所が閉まる時間に、子どもを迎えに行けない人ばかりだった。

無認可の託児所に子どもを預けたわたしに対して、世間の目は冷たかった。

とくに専業主婦の友達は、

「あんた、無認可のところに子どもを預けてるの？　何かあったらどうするの？」

いくら三宅先生がどんなにいい人かを語っても、絶対に通じなかった。

「6万円も払って子どもを預けるくらいなら、働かないほうがマシじゃない」

と何人もの友人に言われた。

でも、わたしは働きたかった。どうしても子どもと2人で、家で夫を待つ生活ができなかった。世間とつながっていたかった。それだけだったにもかかわらず、

「無認可の託児所に預けるなんて、かわいそう」

と、何人もの主婦に言われた。

そのうちの一人が、わたしの母。

「そんなところに子どもを預けて大丈夫なの？」と、最初はかなり怒りモード。

もっとも母の場合は、すぐに三宅先生の人柄を知って、安心してくれた。

それから数年間、わたしは三宅先生に頼りきる人生になった。夜の8時を過ぎても面倒を見てくれたり、わたしに深夜までイベントの設営などの仕事があるときは、我が子を連れて帰って先生の家に泊めてくれたりした。

わたしは、どうせやるなら、きちんと仕事をしたかっただけ。

けれど世の中は、子どもを預けて夜まで働くわたしを、「ひどい母親」と見るということを知った。

「無認可の託児所に預けて、そこまでして働かなきゃならないの？」

何度も、この言葉を投げられた。

生理痛とつわりにどう対処するか

「生理痛がつらい」
「つわりがキツい」
「切迫流産しそう」

男性にはない痛みやしんどさがある。そして、それが人によって違うからややこしい。生理痛がほとんどない人もいるし、つわりもほとんどない人もいる。何事もなく出産する人もいれば、途中で「絶対安静」ということになる人もいる。

また、生理痛も人によっては、つらい月とつらくない月がある人もいる。まさにわたしがそうだった。たいていは、なんともないけれど、年に2回くらい、とってもひどいときがあった。そんなときは、モチベーションも上がらない。立っているのもつらい。でも、何事もないような顔をして仕事をしてきた。

なぜなら、吉本興業時代は、自分がしんどそうな顔をすることでタレントのモチベーションを下げてはダメだと、必死だったから。

起業してからは、部下にしんどそうな顔を見せるなんて、とんでもないことだと思っていた。だから生理痛などでつらそうにしている部下に対して、ついキツく言ってしまった。

「なんか、しんどそうだけれど、どうしたの？」

「生理痛なんです」

「しんどそうな顔で仕事するくらいなら休んでちょうだい」

頑張って出てきている部下に対して、ひどい上司だった。

かといって、「生理痛がひどくて休みます」という部下に対しては、「責任感がない」と思っていた。相手のからだのことを理解しようともしていなかった。

ほんと、ひどい上司だったと思う。

◉応援したい気持ちと、もう一つの本音

妊娠したことのある女性たちと話をしていると、こんな話になることがある。

妊娠初期のつわりのほうがキツいのに、見た目はそのままなので、誰も気を遣ってくれない。とくに妊娠したことのない女性は、初期のつらさなんてわかってくれない。逆に安定期になって、つわりもなくなっているのに、お腹《なか》が大きくなると、気にしなくてもいいのに気にしてくれたりする。

また、妊娠初期から出産するまで、つわりがひどい人もいる。

頑張って出社する人もいれば、休みがちになる人もいる。

休みがちになった女性の仕事は、当然、他の人の負担になってくる。

最初は、「からだをいたわってね」と言うけれど、あまり振りまわされると、頭ではわかっていても、気持ちが納得できない。

「休んだり休まなかったりするくらいなら長期休暇を取ってくれたほうが、こちらは楽な

のに」などと思ってしまう。

そして、妊婦のほうにも言い分がある。

「ずっと家にいたら、それはそれで気分が滅入《めい》って、つわりがひどくなるの」

気分転換で会社に来られても……と、振りまわされるほうの女性は思ってしまうこともある。

また、切迫流産は、突然やってきたりする。

それまでなんともなかったのに、ある日突然出血して、そのまま救急車で運ばれて絶対安静の入院というのはよくあるケース。実際、企画会社時代のわたしのパートナーもそうだった。

妊婦だから、いつ何があっても困らないように、きちんと仕事をどこまでやったか、何をやっていないかわかるようにしておいてくれればいいのだけれど、本人は、そんなことを思ってもいない。

すると、あとに残されたメンバーは、その状況把握《はあく》だけで振りまわされる。

「無事に産んで戻ってきてほしい」と思いながら、「こんなことくらい想定しておいてほしい」と、つい言いたくなる。

妊娠、出産、産休、つわり、切迫流産で入院を繰り返す同僚の負担は、独身女性や子どものいない女性に、またまたのしかかる。

何度も書くけれど、そこで男性の、

「次は君の番かもしれないから我慢してくれ」

というセリフは絶対に禁句。

男性にも腹が立つし、当事者の女性に対しても、「いいかげんにしてよ」という気持ちになる。頭では、「そんなことを思う自分になりたくない」とわかっているけれど、思ってしまう。独身の女性なら、「いつ、わたしの番が来るのよ！」と思うかもしれない。

せめて、「彼女の子どもが僕たちの年金を払ってくれると思おうよ」くらいにとどめてほしい。そうすれば、「そうですね」と笑える。

20代で更年期障害になる人もいる

「更年期障害」は、一般的に「閉経の前後にホルモンのバランスが崩れて、自律神経失調症状と精神症状が起こる」と言われている。でも、これは人によって違う。

また、更年期障害が軽い人もいれば、重症になる人もいる。

その年齢も人によって違う。

あるお医者さんと話しているとき、こんな話になった。

「生理不順で来た27歳の女性。どう診察しても更年期障害なんだ。本人に伝えるべきかどうか悩んだよ」

とにかくイライラして、人に当たり散らす。生理不順もあるし、彼女の職場の人が、診察を勧《すす》めたらしい。結局、そのお医者さんは、

「ちょっと疲れがたまっているみたいだから、気分転換になるようなことをするといいですよ」

と、彼女に言ったらしい。

「27歳の女性に『更年期障害だよ』とは言いにくいよなあ」

その先生の話によると、20代の更年期障害は、結構あるらしい。無理なダイエットや食生活やセックスレスなども関係あるんじゃないかと言う。

更年期障害の女性をたくさん見てきた。

「わたし、更年期障害みたい」

と、明るく自覚しているメンバーは、水泳をしたり、絵を描いたり、

「とにかく気がまぎれることをする」

と、いろいろチャレンジしている。そんな人たちは明るいし、つき合いやすい。

「そのうち、わたしもなるのかなあ」と言うと、

「そのときのために、気がまぎれることをやっておくといいよ。からだを動かすのが一番よ」と、アドバイスしてくれる。

「更年期障害みたい。何もやる気が起こらない」という仲間もいる。

本人は自覚しているから、

「変な汗が出るんだよね」

「朝、起きられなくなったんだよね」

とか、いろいろ症状を教えてくれる。

わたしも、「早くよくなるといいね」くらいの会話ができる。

◉人が変わってしまった彼女の場合

困るのが、明らかに人が変わる女性がいること。そして、本人は、絶対に更年期障害だなんて認めないし、わたしたちも触れない。

わたしには、彼女が30代のときからつき合う仲のいい友達がいた。とっても前向きで、常に一緒に学んで、いつもステキなアドバイスをくれる女性だった。

ところが、50歳を手前に彼女は豹変《ひょうへん》した。

人の悪口ばかり、ひどく攻撃的になった。

「こんなことを始めたの」

と、わたしが新しい学びなどの話をすると、

「興味ないわ」

「いまさら、そんなことをして、どうなるの？」

と真っ向から否定。それどころか、

「新しい知り合いなんていらないわ」

と世界を狭《せば》めていく。

それでも、かつての彼女に戻ってくれることを期待して2年が過ぎた。

あるとき、彼女がわたしのことを、

「あの人、いつまでも若いつもりで何を考えているのかしら」

と他の友人に言っていると知った。

「もうダメ……」

わたしは、彼女とつき合えなくなった。

彼女のことを知っている仲間は、「きっと更年期障害だよね」と言う。

わたしは医師じゃない。更年期障害のせいなのかどうか、はっきりとわからないけれど、同じ症状の部下や上司をもって困っている女性をたくさん知っている。

ある経営者の女性。彼女には、とっても優秀な女性の部下がいた。多少、大雑把《おおざっぱ》なところがあるけれども、明るくて前向きな女性だった。

すると彼女は、40歳後半で豹変。とにかく、若い人への愚痴を言うようになった。大雑把でも前向きなのが長所だと思っていたのが、怒りっぽくて、何をするのも面倒がるようになった。

「これ、更年期障害で一時的なものなんだろうか。それとも、このまま、おばちゃん化してしまうのだろうか」

友人の女性社長は悩んでいる。

更年期障害がきっかけで、うつになる人もいる。

人間なんて簡単に壊《こわ》れてしまう。わたしだって、お酒に逃げたこともあれば、夜遊びで発散していたときだってある。

いまから思えば、「いったい何をしていたのだろう」というようなこともしていた。

ありがたいことに、わたしは、まだ更年期障害を自覚していない。

ただ、いつ、どうなるかわからない。そのときに、誰かに嫌な思いをさせたくない。だから、こうして、「書く」ということをしている。わたしが本を書くのは、未来のわたしへのメッセージなのかもしれない。

ドタキャンにはドタキャンの理由がある

「みんなで旅行に行こう」

と、何人かのメンバーで盛り上がった。

「わたし、この日からこの日しかダメなの」

とA子は真っ先にスケジュールを言ってきた。みんなは彼女のスケジュールに合わせた。

1週間の海外旅行。その間の仕事の調整をしなければならない。

わたしもいくつかの仕事を断る覚悟。そして、旅行会社に頼んだ。

ところが、半年以上も前に立てた企画。やっぱり、いろんなことが起こる。

すべての準備が整ったときに、「仕事が入った」「日程を変更できないか」と、スケジュールを最初に主張したA子から連絡。

「思いもかけないことが起こった」

「旅行をしている場合じゃない」

もちろん遊びの約束。優先順位は低いかもしれない。

それでも、こうした小さな約束を守れない女性は多い。

そして、女性のほうが言いわけがたくさんある。

「子どもが熱を出した」

「その日、母親の介護をしなければならなくなった」

「夫が、その日は家にいてくれと言った」

「会社が休ませてくれない」

「どうしてもその日に仕事をしてくれと頼まれた」

理由なんて山ほど出てくる。そして、それが結構、他責だったりする。

もちろん、人の優先順位。わたしがどうのこうの言うことじゃない。でも、そんなことがあると、わたしは、どうしても信頼できなくなる。

女性のスタッフも、男性のスタッフも雇用してきた。その中で、どうしても女性スタッフのほうがドタキャンが多くなる。

「子どもが熱を出した」

「子どもの保育園に行かなきゃならなくなった」

理由は自分でなく、誰かのせい。そして、それは仕方のないこと。

頭ではわかっていても、納得できない自分がいる。

わたしも同じ境遇を経験した。働いていると、保育所からの電話にはドキッとさせられる。

会議中などは、電話が来たとわかっていて無視したこともある。保育所の先生は困って、わたしの母に電話した。そして、母親がわたしの娘を迎えに行った。

保育所の先生やわたしの母にとったら、わたしが敵みたいなものである。

自分の娘のことを、人に押しつけている。

「いいかげんにしろ」と、言いたくなったと思う。

ドタキャンするメンバーの気持ちも状況もわかる。

なのに、イラッとしたりする。女性を応援したいのに、一方では、

「だから、女性に任せられない」

と、そんなセリフが自分から出てくるなんて。

子育てに対しては、

「保育所の近くに小児科の医院」

を提言してきた。

「百貨店の中に託児所と小児科医院をつくってくれたらいいのに」

と、いつも言ってきた。

◉ビジネスでいちばん大切なことは？

介護、育児が理由のドタキャンは、それでも納得できる。一方、仕事が理由のドタキャンは、なんともしっくりしない。

「どうしてもこの仕事をしてくれと頼まれたので」

と言われると、

「この人、結局、目先の利益だけで動く人なんだ」

と思ってしまう。

何よりも、

「わたしは、その日、暇《ひま》だと思われていたのだろうか」

「わたしも他の仲間もスケジュールを調整したことを、わかっていないのだろうか」

と、悲しくなる。

世界のホテル王と言われる人の話を聞いた。

「ビジネスの成功でいちばん大切なことは？」という質問の答えは、

「どんな小さな約束も守ること」だった。

彼は、もしメイドとランチの約束をしていて、そこに首相からのアポの依頼があっても、メイドとのランチを優先するらしい。

「小さな約束を守るということが信頼の積み重ねとなり、それが大きなビジネスになっていく」

ということだった。感動した。けれども、果たしてわたしは、そこまでできるだろうか。

人のドタキャンには腹が立つけれど、自分は絶対にそんなことをしていないと言いきれるだろうか。絶対に言いきれない。

「ごめん、急にお客さんが来て」

「ごめん、子どもが熱出して」

そんな言いわけでドタキャンしたことはなかっただろうか。あった気がする。

人のことを言っている場合じゃない。自分も反省。

小さな約束もしっかり守る。

簡単なようで簡単じゃない。だからこそ、何があっても先にした約束を守るという覚悟が必要かも。

評価されて認められても、理解してはもらえない

仕事をすればするほど、妥協が許されなくなる。

評価されればされるほど、もっと評価されたくなる。

何よりもそんなとき、とっても楽しい自分がいる。

評価されて、認められて、思ってもみない大きな仕事を任されたら、もっとステップアップしたいと思う。しかも、一緒にやっているメンバーがステキで楽しい人だったら、居心地もいい。

ところがそんなときに必ず周囲の女性から、こんな言葉をかけられる。

「なぜそこまでするの？」

とことんやった人間にしか、とことんやる楽しさはわからない。

評価されて認められたときの快感は、中毒にもなる。また認められたくて、また評価されたくて頑張ってみたくなる。わたしは、そうだった。

吉本興業という会社で、先輩や上司に乗せられて、仕事が楽しくて楽しくて仕方なかった。若いから体力もある。24時間働いても平気だった。

「頑張ってるね」

「君が入社してくれて嬉しぃよ」

そんな言葉が嬉しくて、わたしは、すべての先輩の仕事を手伝った。関係のないタレントのことまで一生懸命になった。

そんなわたしに、高校や大学の友人たちは、

「なんでそこまでやるの」

と冷たかった。

わたしは、良妻賢母教育の高校、大学出身だった（笑）。そのうち、そんな友達と話をするのも面倒になって、だんだんと離れていくようになった。

もっとも、人生なんてわからない。そんな友達も、いまではバツイチになって子どもの

ために働いているメンバーもいれば、家業を継いで、夫よりも楽しそうに仕事をしているメンバーもいる。また、いろいろ悩んだ末、カウンセラーになって活躍している人もいる。

◉そこまでしても働きたい女たち

25歳で結婚して、26歳で出産して、27歳で起業して、企画会社を立ち上げた。ありがたいことに、お客さんに恵まれた。何千万円ものイベントの仕事をもらって、嬉しくないわけがない。タレントやパートナー企業のメンバーにもチヤホヤされて、

「もっといい仕事がしたい」

「もっともっと、仲間を潤《うるお》わせたい」

そう思って、早朝から深夜まで働いていた。

しかもイベントがメインの仕事。クリスマスも、お正月も、ゴールデンウィークも、夏休みもない。でも、わたしは楽しかった。

そんなわたしに、近所のお母さんたちは言った。

「そこまでしなければ大谷さんの会社ってダメなの？」

っていうか、わたし社長やし。わたしがやりたかった仕事やし。

でも、そんな気持ちのわかる人はほとんどいない。

もちろん、母親にも言われた。

「子どもをわたしに預けっぱなしにして、何を考えているの」

夫だけでなく、取引先の男性社員にまで言われた。

「そこまでして仕事をしなければならないのですか？」

仕事が楽しくて楽しくて仕方ない。そして、もっともっと、いい仕事がしたかった。

そのときのわたしは、上ばかり見ていた。

そして仕事は裏切らない。やればやるほどお金も結果もついてくる。気がついたら、10人を超える社員を抱えて、何十人ものバイトやパートの従業員を抱えていた。

そうなると、こんどは、責任という言葉もついてくる。

「給料も払わなければならない」

「もっといい条件の会社にしなければならない」

気がついたら、自分のためだけでなく、人のためにも仕事をしていた。

それでも、わたしは社員が好きだった。会社が好きだった。もっともっと会社が大きくなれば、みんなも嬉しいと思っていた。

そんなある日、女性社員に言われた。

「大谷さん、なぜ、そこまでするんですか」

それだけじゃない。

「わたしは大谷さんみたいな働き方を望んでません」

そうも言われた。

別にみんなに、わたしのようになることを望んでいない。

でも、とことん突き詰める楽しさを知ってほしい。

突き詰めるから見えるものがあることを知ってほしい。

そんな気持ちはあった。

ただ、そんなことを望んでいない人が、たくさんいることも思い知らされた。

出版したことによって、講師としても引っ張りだこになった。

講演に穴を空けるわけにいかない。しかも、日本全国から声がかかる。わたしは、健康管理にも気をつけながら、楽しく講師をしてきた。

そんなある日、父が事故で入院した。

母親は父につきっきりになった。でも、わたしは仕事。

当然のことながら、四方八方から言われた。

「なぜ、そこまでして仕事なの？」

もちろん、責任感もある。義務感もある。何より、やりたい仕事がある。

わたしには、「そこまでして」いるという感覚はなかった。

そして、人にもそこまで求めていない。

だから、そんな責める言葉でなく、せめて、「そこまでしてもやりたいことがあっていいね」と、流してほしかった。

第3章 恋愛と仕事のバランス

――男と共存していくにあたって

恋愛事件簿
恋愛がらみのトラブルというと思い出すのは昔ある人の助手席に乗せてもらったときー
あっ!!
やばいかも……
えっ?なに?
いやーいますれちがったの昔の彼女だったんだけど
あの子いまもすごく嫉妬深くて……
昔オレのうちの前で包丁持って立ってたことあって……
えええ

ちょっまっ
私逆恨みで刺されたりしたらヤなんですけどっっ
ひぃぃ
うーーん
顔バッチリ見られたしなあ…
でも後日聞いたところ
あ、全然大丈夫だった！
「あの女は違うだろ」「問題外」って思ったみたいでー！
問題外
喜んでいいのかなんだかビミョーだなー…
みたいなこともあったくらいなのであらぬ疑いをかけられてのトラブルは皆無な私
仕事に絡んだ恋愛トラブルもないなー
仕事相手は女性が多いし…
なにしろ仕事相手に会わないで終わることもある商売…
メールやりとりばっかり

世の中には「女を使って仕事をとる」女性もいるそうだけど
このイラストは私に……
ないない この仕事に関しては聞いたこともない
それで思い出したのは昔同じ店の常連同士として知りあった女性
色っぽくフレンドリー
ダンスの先生でありダンサーでもあった人
実は彼女はこのお店のいろんな男性と関係をもってチケットを買ってもらったり支援してもらったりしていたらしく
しかしそれをハデにやりすぎて
バン
あの女はどこなの!?

店に相手の奥さんが殴りこんできて大トラブルになったらしく
店の人
それでうちの店でも彼女は出入り禁止にしたの
ええっ そんなことが!!
どーりで最近ここで見ないなーと
そういえば一度ライブを見に行ったとき普通のライブより男性客が多かったような…
なるほど
ダンスの公演ってたいてい女性客ばっかりなのに
ダンサーなら踊りがうまいってことでお客さんに来てもらいたいけどな～…
などいろいろ思ったりもしたけど
「女」を使って彼女が得たものって何だったんだろう
いまあの彼女はどこでどうやって生きているのかな

友達の彼氏を奪うってどうよ

彼氏を友人に奪われた経験のある女性も多い。わたしも何度か、その経験がある。

奪われ方にも、いろいろある。わたしの場合はたいてい、こう言われる。

「君は、僕がいなくても大丈夫だよね」

いまとなれば、わたしにも反省点はある。

わたしの恋愛は、いつも尽くす女から始まる。相手の気を引くために家庭的な女を演出する。

甲斐甲斐《かいがい》しく、彼の面倒を見たり、お弁当をつくったり。でも、基本的には、仕事が大好き、バイトが大好き、友達が大好き。彼にばっかり構っていられない。

気がつくと、いつのまにか、つき合っていたはずの彼は、わたしの友人の彼になっていた。何度かそのパターンを経験した。もっとも、わたしのほうもいつのまにか会う回数が減っていたりして、あんまり執着もない。

そして、わたしの彼の彼女になる女性は、たいてい、わたしと正反対。

「わたしには、あなたがいないとダメ」を言えるような女性だった。

でも、若い頃は、やっぱり落ち込んだ。いろいろ考えた。

「やっぱり男性は、可愛くて、控えめな女性が好きなのかなあ」

「でも、わたしは、すがりつく女になんてなれない」

そう思った。

「君には、僕よりも大切なものがたくさんあるね」

わたしの友達の彼氏になった男性から言われた。たしかに、その通りだった。

◉先に妊娠したほうが勝ち？

『阪急電車』という、ベストセラーになって、映画化までされた小説がある。

映画版では主人公の一人の女性は、彼を後輩に寝取られる。

このパターンは結構多い。わたしの知人にも何人か後輩に彼を奪われた女性がいる。

友人の中に、トップ営業の女性がいる。彼女にはつき合っている人がいた。彼は、職場の同僚だった。ある日、早朝に彼の部屋を訪れた。

鍵を開けて、びっくりした。そこには、女性の靴があった。そして、部屋にいたのは、自分の後輩の女性だった。

別の友人。彼女は結婚していた。そして、家にも職場の仲間を集めて、よくホームパーティなどを開いていた。

自分の部下と夫が楽しく盛り上がっていても、別に気にもとめなかった。

そんなある日、彼女は、夫から急に別れてくれと言われた。

理由を問いただすと、よく家に遊びに来る後輩とつき合っていた。それだけでなく、その後輩は妊娠していた。もちろん、夫の子だった。

「他の女性に子どもができた」

そう言って別れを切り出された女性を、他にも何人か知っている。

意外と相手の女性が友人だったり、職場の同僚であったり知人であったりする場合も多い。

彼女たちは言う。

「ショックなのよ。耐えられないのよ。でも、相手の女性に『堕《お》ろして』とも言えなかった」

「なんでわたしが先に妊娠しなかったんだろう」

やっぱり、妊娠したほうが勝ちかもしれない。

もちろん、友人から彼を奪った友達もいる。

恋人との悩み相談を聞いているうちに子どもができた。

「だって、もともと、わたしも彼のことが好きだったんだもん」と、彼女は言った。

「あんなに必死で奪ったのに、いまではただのおじさんだわ」と言っている。

もっとも、奪われた女性も不幸だとはかぎらない。

「いまとなれば、あんな男、奪ってもらってよかったわ」などと言うメンバーもいる。

数十年後は、わからない。

結婚は望まず、仕事に生きたい女性

嫁でもなく、恋人でもなく、愛人でいたい女性がいる。

彼女が言うには、

「都合のいいときだけつき合っていたらいいし、愛人だからこそ、いい店に連れていってもらえるし、大切にされるから、このほうがいいの」

そして、たしかに彼女は、誰もが知っているような男性ともおつき合いしていたりする。

彼女は、結婚も望んでいないし、自分の世界と仕事をちゃんともっている。

「ダンナの帰りを待つなんてご免《めん》だし、束縛《そくばく》されたくないの」と言う。

だから、男性が束縛しようとしたら、別れるらしい。

普通のＯＬで、愛人をしている女性。相手は、会社の上司だった。

でも、彼女は別れた。別れた理由をたずねると、

「つき合いはじめた最初の頃は、ステキな店に連れていってくれたり、わたしが知らないような場所を旅行したりしたの。ところが、3年もすると、デートがわたしの部屋になったの。『ここが落ち着くよなあ』なんて言われても困るわ。わたしは、妻でもないのに、なんで、彼のごはんをしょっちゅうつくらなきゃならないのよ」

ということだった。

嫁にバレて、泥沼になった女性。

バレたのは、彼のスマートフォンからだった。2人の写真を見られたらしい。

「ダンナのスマートフォンを見るなんて最低」

と、彼女は自分のことを棚に上げて怒っていた。

「で、どうなったの？」

とたずねたら、

「結局、『いまは嫁と別れられない。子どもが大きくなったら考える』と言われた。いい機会だったかも」

と、あっけらかんとしていた。

それこそ友人の中には、嫁にバレて三者会談になった女性もいる。

彼女は「別れません」と言った。

すると嫁も、「わたしも別れません」ということになった。

結果、男性が、月火水は嫁で、木金土は彼女のところに帰ることになった。そして、日曜日は隔週ごと、ということになった。

結果、まっ先に男性が弱ったらしい。

「どちらとも離れたい」ということになった。

「いまから思えば、なんであんな男がよかったのかわからないわ」

と、彼女は笑っている。

かつて、わたしがマネージャーをしていた芸人の横山やすしさんにも、似たようなことがあった。わたしは、愛人も嫁さんも知っている。どちらもステキな女性だったし、どちらも優しかった。

嫁さんにも意地がある。

週刊誌にスッパ抜かれて黙っているわけにはいかない。

やっぱり、三者会談になった。

そのとき、横山さんは、泣きながら、「2人とも、仲良くしてや」と言った。

2人とも呆《あき》れたらしい。

◉愛人の存在を認める妻もいる

愛人の存在を認める女性をたくさん知っている。

芸人の嫁などは、

「愛人くらいつくったらいいわよ。売れなくなるほうがもっと怖いわ」

と言う。

その気持ち、結構リアル。経営者の妻も、そうだったりする。

「愛人をつくることよりも、事業がうまくいかなくなることのほうが怖い」

そう明言している人もいる。

30年以上も、一人の男性の愛人をしている女性がいる。

嫁は彼女の存在を知っている。意地でも別れてくれそうにない。

「こうなると、彼とわたしの共通の敵が嫁で、彼とは同志みたいなものよ」

と言っている。

愛人から嫁になった女性を何人か知っている。

ある女性社長の場合、やっぱり、嫁が意地になって別れてくれなかった。

それでもいいと思っていた。

彼女には会社があるし、彼と一緒に仕事をしている。

ところが、2人のことがマスコミに知れた。経済誌にスッパ抜かれた。2人の関係が世間に知れたときに、嫁が別れてくれることになった。

「これ以上、恥をかきたくないから」ということだった。

愛人と嫁が手を組むこともある。

それは第三の女が出てきたとき。

愛人だったはずの女性が、嫁に告げ口をする。

「わたしたちがいるのに許せない」

と、2人は結託《けったく》。男性に慰謝料などを要求。取れるものを取って、彼を放り出した。

まさに昨日の敵は、今日の友だったりする。

ある友人は、自分が愛人であることを親に話した。

彼女の父親は、

「愛人って、愛する人と書くだろ。ちゃんと愛されていたらいいじゃないか」

そう言ってくれたらしい。

愛人の敵は嫁で、嫁の敵は愛人のはず。

世の中には、いろんな組み合わせがある。

腹違いの兄弟でも、意外と仲がよかったりする人を知っている。

「兄弟だとわかっているということは、母親同士も知っているということ？」

とたずねたら、

「そうみたい。認知しているし」

という答えが返ってきた。

わたしだったら、どうだろう？

もしも夫に愛人ができたら、どうするか。

あんまり気にならないかもしれない。それで、仕事を頑張ってくれるなら、それも悪くない。そんな気がする。

ある芸人さんの嫁が言った。

「愛人をつくってもいいけれど、わたしより、きれいで若くて、誰もがうらやましがる人にして……と言っているの。どうせなら、『わたしのダンナ、あんないい女を愛人にしているのよ』って言いたいじゃない」

この気持ちもめっちゃ、わかる。夫が他の女性に、

「あんな男の嫁になりたくない」

そう言われるほうが、わたしはつらい。

夫の女性関係に敏感な妻たち

27歳で企画会社を始めたときは、たくさんのブレーンと一緒に仕事をしていた。

そんなある日、人の紹介で、イラストを描きたいという男性が営業に来た。作品もよかったし、彼にお願いすることにした。

彼は昼間、他の会社で働くサラリーマンだった。

「イラストを描くのが好きだし、2万円でも3万円でもお小遣いができると嬉しい」

ということだった。

当時は、携帯電話もメールもない。やりとりは自宅の電話だった。電話をすると奥さんが出た。名前を名乗って、

「ご主人はおられますか？」

と言うと、

「どういったご用件ですか？」

もちろん、きちんと用件を話す。

「……」

無言で夫に代わる。

彼がいないときになると、もっとひどい。

「いません」

ガチャリと切られる。とにかく、女性が家に電話してくることが気に入らない様子。何度も電話しているのに、あるときは、

「どういう関係ですか？」

関係と言われても、イラストの発注をしているだけ。なんで、お金を払って、毎回嫌な思いをして連絡しなければならないのか。

別にイラストレーターは、彼だけじゃない。6ヶ月くらいで、彼との仕事も彼との縁も切れた。

◉たとえ仕事でもメールや電話は禁止？

勝手に嫉妬する人は、本当に困る。

ある新聞社の女性。彼女の大学時代の彼は、映画監督になった。

彼といっても学生のときの話で、社会人になってからなんとなく別れて8年もたっていた。しかも、お互い別のパートナーがいた。そして、彼女は、広報の力をもっていた。

そんなある日、

「映画のプロモーションを手伝ってほしい」

と、彼から仕事のオファーが来た。会社同士の仕事として受けた。

仕事だから、いろいろ聞かなければならないこともあれば、やりとりしなければならないこともある。メールでやりとりをしていた。

そんなある日、彼のパートナーから彼のアドレスでメールが来た。

「わたしの彼にメールしないでください」

ちょっと待ってよ。別に色恋沙汰《いろこいざた》のメールをしていたわけじゃない。ビジネスのやりとりをしていただけ。あほらしくなって、担当を外してもらった。

フリーのシステムエンジニアに、システム構築の仕事を頼んでいた。システムを構築するために、深夜まで仕事をすることもあった。

ある日、彼が、この仕事を辞めさせてほしいと言ってきた。

理由を聞くと、

「僕と大谷さんの仲を嫁が疑うんです」

わたしは彼に、男としての興味なんてまったく感じていなかった。

企画会社をしていると、夜中まで仕事をすることは多々ある。クリスマスの前、正月のイベントの前など、深夜に模様替えをしなければならないことなど山ほどある。もちろん泊まりの仕事もあった。

クライアントが女性社長というだけで、嫁に誤解されることは、多々あった。

わたしは、いい仕事をしてほしいと気にかけることが増えていった。だから、家族へのお土産《みやげ》をもたせたりもした。すると余計に怪《あや》しむ女性もいた。

逆に、電話すると、

「いつも主人がお世話になっています」

と言ってくれる人もいた。こんな女性にはホッとした。

経営者の奥さんたちになると、

「うちの主人、大谷さん好きだから、来てくれると助かるわ。うちの主人をよろしくね」

と言ってくれる女性もいっぱいいいた。

そんな社長たちに出会うと、家族のためにも、わたしに何かできることがないかと考える。

女を使うか、使わないか

女性であることで得したこともたくさんある。

バブルの時代を生きてきた。企画会社の社長で、さまざまな会社と取引をさせてもらっていた。だから、広告代理店の担当者や、経営者や企業など、様々な人から声がかかった。美味しい店にも連れていってもらったし、ステキなお店にも連れていってもらった。高級なお寿司《すし》屋さん、鉄板焼き、ホテルのラウンジ……。そして、タクシーチケットをもらって、家まで帰った。

当時は女性社長も少なかったし、マスコミなどにも取り上げられて、いろんな人がチヤホヤしてくれた。そんなある日だった。

わたしは、ある大手鉄道会社の広告代理店の人と飲んでいた。

帰ろうとしたとき、「休んでいきましょうか」とホテルに誘われた。わたしには、そんな気はまったくない。

しかも、タイプじゃない。当時30代のわたしは、50歳を過ぎたその男性に魅力を感じていなかった。

「何を言ってるんですか」と、サッサとタクシーに押し込んだ。

それまで、その人とよく食事などに行っていた。年間600万円くらいの仕事をもらっていた。でも、その日から、その人が嫌《いや》になった。なんとなく、その人に会うのも気まずい。わたしはできるだけ、スタッフに任せて、その人と会わないようにした。

◉仕事をもらえるなら、何でもする？

それからしばらくした頃、

「いままでの仕事を、今年度はプレゼン形式にします」

という通達《つうたつ》が来た。わたしたちが何年もやってきた仕事だった。

「何か悪い点があったんですか？」とたずねた。

「クライアントの意向です」と大手鉄道会社の名前を言われた。

わたしは、その鉄道会社の担当者も知っていた。

「うちに落ち度があったんですか？」と、担当者にたずねてみた。

「うちは大谷さんのところでいいんだけれど、代理店が言ってきたんだ」と言われた。

あの夜のことを思い出した。「このプレゼン、落とす……」と思った。

もちろん、そんなことを知らないわたしの部下は一生懸命。会議をして、プレゼンの資料やラフをつくっている。

でも、やっぱりダメだった。

落ち込んでいる部下に対して、ホテルに誘われたことを話した。

部下は、

「わたしの企画が超一流だったら、こんなことにならなかったです」

と、可愛いことを言ってくれた。わたしは反省した。クライアントと2人きりで夜に飲みに行くことはやめようと思った。自分にスキがあったのも事実だった。

それからしばらくたって、その仕事を手に入れた別の会社のことを知った。

やはり、その会社は女性が社長だった。そして、その担当者と、彼女が親しそうにしている場面に出会った。

「絶対、彼女は仕事を取るためにホテルに行った」と、わたしは確信した。

この事件だけじゃない。もともと、わたしは、そんな世界があることを知っている。

実際、女を使うことで入ってくる仕事もたくさんあった。

ある女性タレントは、いきなり人気番組に抜擢《ばってき》された。

そのタレントと番組のプロデューサーがラブホテルから出てくるのを、わたしの吉本興業時代の先輩が目撃。

「俺、必死に逃げたよ。でも考えたら、俺は、自分の彼女とホテルに入ろうとしてたんだよなあ。なんで、俺が逃げなきゃダメなんだ」と笑っていた。

また、ある番組ではスタジオの花代がすごく高かった。

「なんでこんなに花が必要なの？」

と突っ込んだわたしに、ディレクターが、

「決まってるだろ。お花の先生とプロデューサーの仲を察しろ！」

と言われたこともあった。

そんなことは日常茶飯事《さはんじ》だった。だから、女性を武器に仕事を取る人がいるのもわかっていた。でも、わたしは、そんなの嫌だった。

そんな話をしていたら、女性の友人に言われた。

「相手が、藤井フミヤだったらどうする？」

「仕事くれなくてもいい。仕事、一緒にさせてもらえるなら、すぐにホテルでもどこでもついていく」

情けない……わたし。あっ、でも、それは、絶対ありえないか（笑）。

つき合う男性で女は変わっていく

吉本興業で仕事をしていたときから、男性に振りまわされる女性をたくさん見てきた。

そして、若い女の子の場合、やっぱり、恋愛の比重が大きい。

仕事の上での迷惑も山のように降りかかってきた。

「芸人になりたい」「タレントになりたい」と、18歳くらいの女の子が女性漫才師や女優の付き人になる。

もちろんベテランメンバーは、ちゃんと親とも面談して、覚悟を聞いて弟子にする。

かつては、住み込みで弟子《でし》を務めたらしいけれど、いまは違う。

ほとんどのメンバーは通いで、別々に生活をしている。

だから仕事を離れたら個人の時間。ところが、華やかな世界に突然入ってきた10代の女の子で、勘違いしてしまう子は多かった。

ちょっと可愛い女の子が入ってくると、ベテランの男性がチヤホヤする。

女性の師匠たちは、「変な誘惑しないでよ」と、釘《くぎ》を刺す。

ところが、師匠に隠れて、そんなベテラン男性とつき合ってしまう女の子を何人か見た。

つき合うとどうなるか。

まず、持ち物がよくなる。そして、遅刻が増える。

なぜ遅刻が増えるかというと、たぶん、男性が、「もうちょっとええやんか」と言うのではないかと、わたしは想像する。

そして、何よりも10代の女の子たちは隠すのがヘタだった。タメ口になる。

自分が偉くなったような口をきく。

「あの人のあんなネタじゃ3年もたないですよね」

と、若手芸人などについて、わたしたちプロデューサーに、知ったような口をきくようになる。絶対、師匠クラスの人が言ったセリフ。

また、もっとわかりやすいのは、つき合っている師匠のいる、自分とは関係のない現場に現れるようになる。そして、「師匠はコーヒーじゃなくて、お茶です」などと、なぜか若手ディレクターに指示したりする。

スタッフは、「きっと師匠の彼女になったんだなあ」と想像するから、彼女を立てたりする。すると彼女は余計に勘違いする。

スタッフにとっては、すごく迷惑な存在となる。

そのうち、彼女の師匠が気づく。当然怒る。ところが勘違いしている女の子は逆に、「お世話になりました」と去っていく。

そんな10代、20代前半の女の子を何人か見た。

彼女を弟子にもった女性の師匠たちは、「あんなに面倒を見たのに」「アシスタントで使ってやってほしいと、プロデューサーに頼んでいたのに」と嘆《なげ》いていた。

◉ステップアップもあれば、ステップダウンもある

わたしの会社でもいろんな女性を見た。

バイトの女性。最初は、しっかりしていたのに、彼ができた途端、遅刻や欠勤を繰り返すということもあった。逆に彼氏に捨てられて、急に仕事に目覚める女性もいた。

「しばらく仕事に専念します」と言っていたのに、「妊娠しました」と辞めていった女性もいた。

事件は、現場で起きる。思ってもいなかったようなことが起きることもある。

部下が取引先の人とつき合うことだってある。それが、結構実権をもっている人だったりする。

Mさんの場合。それまでは「お願いします」「プレゼンさせてください」だったのに、ある日から、「えーっ、プレゼンしなきゃダメなんですか」などと、こちらがヒヤヒヤする会話になる。

何が起こったのか、最初わたしにはわからなかった。

そんなある日、別の女性の部下から言われた。

「Mさん、このあいだJ社の人たちと飲み会したんですが、どうもJ社の課長、遅くなってMさんの部屋に泊まったらしいです」

納得できた。といっても部下は弟子じゃない。それを理由にクビにするわけにもいかない。しかも、会社として迷惑を被《こうむ》ったわけでもない。それどころか、J社から、どんどん仕事が来るようになった。

いまでは、それがよかったのか悪かったのかわからないけれど、わたしは、知らないふりをしつづけた。そして、J社は、彼女に任せた。彼女は、売り上げを伸ばしてくれた。

そのうち、その課長は転勤になった。そして、Mさんは、ステップアップして別の会社に転職した。

恋愛は、よくも悪くもエネルギー。

いいエネルギーになるときもあれば、よくないエネルギーになるときもある。

恋愛で仕事に燃えるときもあれば、恋愛で仕事のモチベーションが下がることもある。

第4章

一緒に仕事したくない女

――彼女たちの、それぞれの言い分

「お金」と人間関係
友人関係でお金の貸し借りはしてはいけないとよく言うけど
それをよくわかってなかった20代の頃
お金を貸してほしい？7万円？
彼女は昔のバイト仲間だった年下の友人Aちゃん
次の家賃が払えなくてー
お願い！すぐに返すから!!
フリーランスなりたて →
あのさ～私も同じくフリーランスなりたてで引っ越ししたてで貯金ゼロって知ってるよね？
次の入金すぐだからそしたらすぐ返すから!!

結局お金は貸すことにした
0日までに返してもらわないと私が家賃払えないから頼むね!!
もちろんだよ！本当にありがとう!!
でも約束の日がすぎてもお金は返ってこなくて
あのさ～
そのお金がないと私家賃が払えないんだけど…
え？そうなの？
きょとん
!!

あれだけしつこくお願いしたでしょーが!!
ゴオオオ
キャ
結局返してもらえて家賃は払えたものの
正直かなりショックだった
だいたいさー
私みたいな貧乏人に借りないで他のもっとお金ある人に頼めばよくない?
ホラ前に紹介してもらったAちゃんの仲よしのBさんとか貯金多そうな
そんなの恥《は》ずかしくて頼めないよ!!
ぶんぶん
……
私に対してそーゆー気持ちはないわけ?
さらにその一年後たまたまその話になったら
もーさーあのときはさすがにドン引いたよー

なにそれ? ありえなくなーーい?
え? 私がそんなこと言ったのひっどーー!!い?
!!
彼女はすべてこんなかんじで悪気もなくて
ユキちゃんって友だちを大事にしてえらいよねー
……
結局だんだん疎遠になっていった
チャラいところ含めて面白い子ではあったんだけど…
この経験で得た教訓は
真の友情は「お互いに」大事にできること!!

お金にルーズな女性には、きれいな人が多い？

自慢じゃないけれど、人に言えないくらい多くの男性や女性の友人にお金を貸した。そして、それらのほとんどが、予想通り返ってきていない。

「お金を貸すときは、返ってこないと思って貸しなさい」

と、たくさんの人に言われたけれど、まさにその通り。

「頼れる人は大谷さんしかいないの」

と言われたら100パーセント返ってこない。

そして、そんな女性にかぎって、とってもきれいだったりする。そして、意外と世間をわかっていない。わたしの友人の妹もそうだった。

とってもきれいで、ステキな女性。借金は、元ダンナが原因。ダンナの事業がうまくいかなくなった。ダンナは、彼女にクレジットカードをつくらせてキャッシングさせた。想像の通り、借金はふくらむ。

夫と離婚してもカードローンは残ったまま。

「どうしよう」と、相談された。

「自己破産するしかないでしょう」と、わたしはアドバイス。

自己破産するのにもお金がかかる。仕方ないから、わたしは、自己破産するための弁護士代などの費用を彼女に貸した。

「絶対に返すから」

絶対に返ってこないと思った。なぜなら、彼女は、姉や親に相談せずに、わたしのところにやってきたから。

「ここに来れば何とかなる」

と、言いにくい親よりもわたしを選んだ時点で、本能的に甘えがある。

そして、わたしとの縁が切れることを気にしていない。

実際、彼女は2回くらい1万円ずつ返しに来た後、来なくなった。そして、新しい男性と結婚した。すっかり、わたしからお金を借りていることは忘れたふり（笑）。

◉そうして彼女は、借りたお金を踏み倒す

経営者仲間の女性の場合。

「ごめん、今月末に支払いがあるんだけれど、別から入ってくるお金と時期がズレていて。ちょっと貸してくれる？」

わたしは金額をたずねる。

「20万円ほど」

だいたい、この金額は返ってこない。会社を経営していて、20万、30万のお金に困っているときは、わたしの経験では、かなり行き詰まっている。そして、だいたい、サラ金やカードローンに追われている場合が多い。その場しのぎで貸しても、そのお金が活きないことも多い。

手切れ金だと思って、「10万円なら貸せるよ」と言うと、

「それでいいわ。あとは何とかする」

と、お金をもっていった。

その後、何度会ってもお金の話はしないし、わたしから借りたことなんてなかったかの様子。このパターンの人は、なぜか、次からわたしには借りない。おそらく、たくさんの人から10万、20万を借りて踏み倒しているのだろう。

また、こんな女性も結構いる。

飲み会などで先に帰る。

「立て替えておいてくれる?」

そう言って立て替えさせて、返さない人。

「先日の飲み会のお金、4000円立て替えたよ」と言っても、

「いま、持ち合わせがなくて……。こんど払うね」

毎回、そう言う。そして、わたしもうるさく言うのが嫌になって、忘れてしまう。

資本金を集めて、会社を倒産させて、「出した人が悪い」とばかりに開き直る女性もいる。

わたしは、いずれも納得しているから、一言でもいい、「ありがとう」「ごめんなさい」が

あれば、それでいいと思っている。でも、それはない。

そして意外と、それらの女性、みんなきれいでおしゃれで、なぜか、わたしのようにあくせくしていない。

スマートに生きているように見える。なのに、お金を踏み倒す。

事実を知らない人は誰も、彼女がそんなことすると思わない。

お客様を不愉快にさせる、融通のきかない女

自分も気をつけなければいけないことだけれど、お客さんを怒らせる女がいる。

夫婦でリゾートの温泉に行った。フロントも送迎の運転手さんも、とても気持ちがよくて、わたしたち夫婦はご機嫌だった。

事件は、夕食のときだった。

テーブルに醤油《しょうゆ》がこぼれていた。すぐにおしぼりで拭いた。

そして、「新しいおしぼりをいただけますか？」とたずねた。

するとサービスの女性は一言、

「人数分しかありません」

と言い放った。

50年以上生きてきて、おしぼりを断られたのは初めてだった（笑）。

言い方というものもある。わたし個人は、リゾートのレストランでおしぼりが人数分しかないというのは信じ難い。たとえ数がなくても、タオルでも何でも持ってくればいい。

そうでなくても、

「どうされましたか？」

とたずねて理由がわかれば、

「おしぼりは数がないのですが、すぐに洗ってきます」

と返してくれてもよい。

客は、状況をわかってほしいだけ。

「新しいおしぼりが欲しい」という気持ちを受けとめてくれればよい。

そうしておくと、客を怒らせることもない。わたしは、そのホテルにたぶん二度と行かない。すばらしいロケーションなのに、もったいない。

ある居酒屋。料理も美味しいし、値段も安い。ただ、その居酒屋は地下にあった。なぜかエレベーターがあっても、一般の人は使えない。

その日、わたしたちの仲間には足の不自由な男性がいた。

「エレベーターを使えるようにしてもらえませんか？」

と頼んだ。それまでに何度か、

「わかりました。特別にエレベーターを動かします！」

と状況を察して動かしてくれていた。

いつものように彼を連れて、その店に行った。

ところが、その日に応対した女性は、「エレベーターは使えません」の一点張り。

足の不自由な仲間がいること、いつも動かしてもらっていることを言っても、「困ります」を繰り返すばかり。

仕方がないので、あまり言いたくなかったけれど、「上の人を出して」と言った。

責任者の彼は、エレベーターを動かしてくれた。

決まりかどうかは別として、彼女は、そんなところで我を張らなくてもよかった。上司に相談すれば、客のわたしたちも本人も嫌な思いをせずに済んだはずだ。

◉相手の立場、自分の立場がわかってない

わたしもお客さんを怒らせたことがある。

吉本興業時代、テレビ局のプロデューサーがタレントのスケジュールを聞いてきた。

「むやみにタレントのスケジュールを人に教えるな」

と言われていたわたしは、

「教えられません」

と突っぱねた。

「君は何様なんだ！　わしと吉本興業とは、どれだけ長くつき合っていると思ってるんだ。君ごときの新人に、そんなふうに言われる覚えはない」

怒鳴られた。

わたしは、どうしていいかわからずに上司に相談に行った。

「何でも杓子定規《しゃくしじょうぎ》じゃなく、相手の立場も考えろ。

客は客だろ。客を怒らせて、どうするんだ」

と、上司から、またまた怒られた。

そして、その上司は、怒っているプロデューサーに謝りに行ってくれた。

わたしも真剣に謝りに行った。

素直に、

「これからも指導してください」

「わかってなかったことを反省しています」

と頭を下げた。何が幸いするかわからない。その後、そのプロデューサーは、わたしを可愛がってくれた。

客は客。別に迎合《げいごう》しなくてもいい。そのときのお客さんの立場や気持ちをわかろうとすることが大切。そう思っていても、外すときもある。だから、意識していないと、なんでお客さんが怒っているのかさえわからないことがある。

相手によって言うことが違う、裏表のある女

「わたし、大谷さんについていきます」

と言いながら、

「大谷さんの側《そば》にいつまでもいる気はないです」

と他の人には言っていたりする。

そんな女性をたくさん見てきた。

もっとも、わたしも偉そうなことは言えない。イケメンに対する態度とそうでない人に対する態度が違うらしい。それをわたし自身も自覚している（笑）。

お金や権力のある人に対する態度と、メリットのない人に対する態度がまったく違う人は、男性女性にかかわらず、たくさんいる。

「大谷さん、とっても会いたかったんです」

と言われて浮かれていると、

「もう大谷さんの時代じゃないですよね」

などと陰で言われていたこともあった。

そして、男性に対する態度と女性に対する態度が違う女性も多い。

休みの日の出勤を頼まれたとき、「すみません、休みの日はなかなか家から出られなくて……」と言う。

男性は、「ご主人がいたら仕方ないね」と言う。

ところが陰では、「休みの日まで出てられないわよ」と言って、友達と遊びに行った人を何人も見た。もっとも、わたしも時々、この手を使う。

仕事柄、いろんな勧誘をされる。

「これを買ったほうがいい」

「この会員権を持ちませんか？」

そんなときには、

「夫に相談してみないとダメなんです」

と何度も言った。実は、夫に相談したことは、ない（笑）。

そして、「夫がやめておくように……と言うので」と断って、別の友人には、「ほんま、夫は、神様だわ」などと言っている。

◉誘導尋問に乗ってはいけない

また、ヘタに同調しないように、ということも気をつけている。

たとえば、

「部長のやり方は古いよね」

などと仲間の女性が言う。そして彼女は、同意を求める。

「大谷さんもそう思いません？」

話を合わせようと思って、「そうだね」なんて言ってしまえば、いつのまにか、「大谷さんが、部長のやり方は古いと言ってました」と、わたしが言ったことになっていたりする。

それどころか、わたしが同意していないことまで、わたしが言っていたことになっていたりする。

「だから売り上げが落ちると言っていました」みたいな感じ。

「絶対そこまで言っていない」と発言を修正しても、「じゃあ、どこまで言ったの？」という感じでやぶ蛇になるだけ。だから、わたしは注意している。

たとえ、「部長のやり方、古いと思いません？」と、同意を求められても、「そんなことを言う人もいるんだね」「でも、すごい人だよ」くらいにして逃げておく。

「○○社長のおかげで、わたしは存在しているようなものです」と、その社長の前では、社長をヨイショ。飲み会でも横にベッタリくっついて離れない。そんなことができない他の女性からポジションや仕事を奪っておいて、陰で、「ほんま、あの社長、わたしのことすぐに口説こうとするんだから」なんて言っている女性もいる。

もっとも女性たちは、「彼女がそう仕掛けてるんじゃない？」と呆《あき》れて陰口。だから、男性諸君も気をつけて！

人のためには動かない、自分都合で動く女

自分は頼みごとをするけれど、こちらが頼んだときは動いてくれない。

そんな女性も多い。

「このチケット買ってほしいの」

「これ宣伝してほしい」

いろんなことを頼まれる。

「頼まれごとは試されごと」

そう思っている。だから、頼まれたらできるだけ、応えたいと思う。

ありがたいことに、メルマガやホームページなどを通して、わたしが頼むと動いてくれる仲間も何人かいる。

だから頼まれたら、有意義な情報は、できるだけこちらから提供するようにしている。

「本を出したから宣伝してほしい」

「○○さんを紹介してほしい」

「この人を応援してほしい」

実にさまざまなことを頼まれる。

そして、わたしは、滅多に人に頼まない。頼むのが苦手。22歳のときから吉本興業という会社で、

「プレゼンで勝て」

「自分の力で勝負しろ」

「自分の人脈をつくれ」

と教えられてきた。

「頼まれる仕事をしろ」

「頼まれる商品をつくれ」

と言われつづけた。だから、

「人に頼まなければ結果が出せないようなものはダメ」

と心のどこかで思っている。頼みごとは一方的でなく、Ｗｉｎ‐Ｗｉｎになるものでないとダメ。だから、本屋さんに、

「売れ残ったら買い取りますから、わたしの本を置いてください」

と頼むことはできるけれど、友人に、

「わたしの本を宣伝して」

と頼むことはなかなかできない。

ありがたいことに、わたしが頼まなくても、なぜかお客さんが、わたしの本やわたしのことを宣伝してくれて、いまの自分がある。

◉「頼みごとはしても、頼まれごとはお断り」

簡単にものを頼んでくる人は実に多い。

そのたびに、いろんな人を紹介してきた。

いろんなものを宣伝してきた。

いろんなチャンスをつくってきた。

彼女たちは、そのときは言う。

「大谷さんお願いします」

ところが、チャンスをものにしたり、うまくいったりすると知らん顔。

こちらが頼みごとをしても、

「夫に相談しなきゃならないので」

「事務所がダメだと言うので」

と、うまく理由をつけてスルーする。

人に頼んでくる女性にかぎって、頼まれごとには応えてくれない。

男性にもいろいろ頼まれる。

でも、頼みごとをしてくるのは圧倒的に女性が多い。

そして、頼んでやってもらったことを忘れるのも女性。

「なぜだろう」と考えてみて、気がついた。

女性は、小さな頼みごとをいっぱいする。

たいてい、それらは時間や手間がかかるもので、お金などの負担があるものはそんなにない。だから、やってもらったことを忘れるのかもしれない。

男性が頼みごとをしてくるときは、規模が大きい。

何千万円のものだったり、責任があるもの、お金がかかるものが多い。

そんなことに気づいて、自分のことも振り返ってみた。

さすがに仕事ではあまりないけれど、プライベートでは、小さい頼みごとはいっぱいしている。夫に、「これやって」「あれやって」と、いっぱい頼んでいる。

そして、そんなことはすっかり忘れている。

たまに、何か頼まれたときには、偉そうに言う。

「しゃあないから、やっておいてあげるわ」つくづく反省（笑）。

ビジネスに感情が絡まる、面倒な女

「ああ、めんどくさ」

仲間と飲んでいるときに、30代の女性編集長が言った。

何が面倒なのかをたずねると、彼女と同年齢の女性、Aさんが途中入社してきた話になった。

編集長の彼女は、新卒採用で、10年以上もその出版社にいる。そこに、「女性活用」ということで、Aさんが入社してきたのだ。

Aさんは編集のことはほとんど知らない。同じ年齢ではあっても、当然のことながら、編集長の彼女がいろいろ教えることになった。

「意見がぶつかるのはいいことだと思っている。お互いに意見を出し合って、いいものがつくれたら、それでいい。でもね、Aさんは、わたしには意見を言わないの」

だから、彼女は納得しているんだと思っていた。

ところが、部長には、

『編集長が厳しすぎて、つらい。わたしは何もわかっていないと思って、話も聞いてくれないんです』

と愚痴をこぼしたらしい。

「部長から、『ちゃんとAさんの話を聞いてやってくれ』って、言われた。言いたいことがあるなら、わたしに言ってくれたらいいのに。しかも、ちゃんと『何か意見ない？』と、わたしは聞いているのに」

というのが彼女の言い分だ。

話はそれだけで終わらない。

先日、Aさんが彼女のところにデザイン案を持ってきたので、彼女は編集長として、

『この色使いは、うちの雑誌のクオリティとすれば品がないかも……？』

とアドバイスした。

「あくまでも、デザインに対してのアドバイスのつもりだったの」

ところがAさんは、そのときは『そうですね』と言って引き下がったものの、部長や役員に泣きついた、という。

『編集長が、わたしのことを品がないって言うんです！』って。

部長は、『人格を否定するようなことを言ってはダメだろう』と、編集長である彼女のほうをたしなめたらしい。

「わたしは人格否定なんてしてないわよ」

という彼女に、わたしも含めて、他のメンバーも思わず言った。

「めんどくさ」

実際、こんな話、よくある。

◉彼女のプライドは傷つきやすい

年々、法律も変わるし、制度も変わる。そして、新しい情報が他社から入ってくることもある。そんなときに経営者仲間から指摘されることがある。

「顧問の会計士さんは、教えてくれなかったの？」

友人の女性社長が、10年以上のつき合いの女性会計士に言った言葉も、余計な一言だったかもしれない。社長は自分と同年代の、50代の会計士さんに言った。

「新しい提案もしてくれなかったら、顧問の意味ないじゃん」

と、ストレートに彼女に言ってしまった。

「ごめん。ちょっと勉強するわ」

という答えが返ってくると思っていた。ところが、彼女のプライドは傷ついた。

「そんなことまで言われて顧問したくない」

という話になった。そして、その後、会計士の彼女は、

「10年以上もわたしが面倒を見てきたのに、切られた」

と、共通の知人に女性社長のことを言ってまわった。

「弁解するのも面倒くさいわ」と、その女性社長は笑って言った。

わたしにも似たような経験がある。

「販促イベントをやりたい」と、相談に来た40代の女性に、

「イベントするのにもお金がかかるよ」と言うと、

「そんなお金はない」と言う。

「せめて集客する力があれば何とかなるかも」とアドバイスすると、

「そんなの無理」という返事。

「お金も人脈もないなら、ちょっと難しいかも」と言ったところ、彼女は、

「大谷さんに『お金も人脈もないあなたはダメ』と言われた」

と周囲に言っているらしい。あくまでもイベントの話であって、彼女の人格を否定した覚えはまったくない。

なのに、「人格を否定された」「プライドを傷つけられた」ということになっている。ほんと、面倒くさい。

「なんで、そんな面倒くさい話になるんだろう?」と仲間うちで話題になった。

「ビジネスとプライベートの感情がごっちゃになるのかなあ?」

　ということは、

「あくまでもビジネスの話で、あなたを否定しているんじゃないよ」の一言、前置きが必要なんじゃないか……という結論になった。

「やっぱり、面倒くさい」と、わたしたちは笑った。

第5章 涙がこぼれそうなときも

――女はいつも強く、ご機嫌に生きていく

女は敵、じゃなくて…
人がいちばんつらいのは
「存在を無視される」
ということだと思う
私は
大事な連絡を
くれない人が
とても苦手で
しーん
とあるレギュラー
仕事で
原稿料を
下げたい?
予算が
厳しくて…
なるほどそれは
わかりますが
正直いまの
金額もあの決して
高くはないので
これ以上下がる
のは厳しくて…
このお仕事は
取材もあって
拘束時間も
長いので…
とはいえ
相手の事情も
わかるので
取材の
やり方で
予算を
下げる
解決案を
提案して
みよう…
メール送信
っと

ありがとうございます
検討してまた
ご連絡します
↑女性の担当者
しかしその後
いっさい音沙汰ない
うちに
てゆーか
もう次号
出ちゃったし
!!
これって
結局…
連絡なく
レギュラー
仕事から
外された
ってこと
……?
がーん
がーん
これには
かなり
落ちこんだ
こういうのは
珍しいにせよ
仕事先に大事に
されてないなあと思う
ことはたまにあって
ちょ、ちょっと
そんな
理不尽な……

そのたびにいちいち落ちこむ
しょせんたいした売れっ子でもないしがないフリーランス…
私のこと絵の描ける機械くらいにしか思ってないんだろうな——
とはいってもずっと落ちこんでいられないから…
1 気持ちの整理
こんなことがあって…
なにそれひどい!!
それありえないって!!
2 気持ちの浄化
おいしいものを食べる呑む
踊る
温泉
だんだん悩んでるのがバカらしく思えてきた——!!

3 現実を受け入れる
こんな扱いをされるのは私がまだまだ知名度＆実力不足だからだ！
もっとがんばって大事にされるイラストレーターになろう!!
4 開き直る
だいたい失礼な人と仕事を続けてもろくなことはない！
そーだそーだ
がんばれ!!
むしろ縁が切れてよかった!!
この復活の過程で欠かせないもの…それは女性の「共感力」
わかるよー
温泉行こー
大丈夫だって
こんなときは女性は敵どころか「神様」みたいに思えるよ
元気になった！またコツコツがんばろ――っと

男は女の涙に弱すぎる

吉本興業時代、わたしは、よく失敗をして先輩に怒られた。タレントのスケジュールのダブルブッキングもしたし、書類を出し忘れたりと、自分のことだけでなく、他人にも迷惑をかけた。

「いいかげんにしろ。いつまで学生気分でいるんだ」

と先輩に怒鳴られたこともある。それでも甘ちゃんだったわたし。

怒られると、すぐに涙目になった。そんなわたしを見た先輩に、

「俺の女じゃないんだから、泣くな！」

と怒られた。

部下をもつようになって、そのときの先輩の気持ちがよくわかる。

きちんと仕事を覚えてもらおうと思って指導しているのに、泣かれるとつらい。傍《はた》から見たら、いじめているみたいに見える。

パートの女性に仕事を教えていて、

「わたしは大谷さんじゃないんです。わたしを大谷さんにしないでください」

と言われたときには、

「なんで、そこまで言われなきゃならないんだろう」

と腹まで立った。

わたしとしては、「仕事を覚えて稼げるようになってほしい」という思いがあった。

「なんで伝わらないんだ……」と悔しかった。

◉嬉し涙はチャンスにつながりやすい

同じ涙でも、嬉し涙は違う。涙がチャンスをくれることがある。

初めて吉本興業で1000人規模のイベントを成功させたとき、24歳だったわたしは、嬉しくて泣いた。はじめは、なかなかチケットが売れなかった。

そんな中、たくさんの人が協力してくれた。いろんな人に頭を下げた。しんどかった分、成功したときは嬉しくて涙が溢れた。

その涙を見たみんなが、かけてくれた言葉は、「次も頑張ろうな！」だった。

そして、これが「きっかけ」で、わたしは、いろんなイベントの企画を任せてもらえるようになった。

「君の涙を見て、こっちも感激したよ」

そんな言葉をいっぱいもらった。そのときから、薄々わたしは、嬉し涙がチャンスになることを、知っていたのかもしれない。

27歳で企画会社を立ち上げたわたしは、その数年後、３０００万円のイベントの仕事を手に入れた。もちろん、ラクして稼げる仕事なんてない。実施までは人の問題、お金の問題など、紆余曲折《うよきょくせつ》あった。それどころか、その仕事を手に入れるまでには、何度も何度もプレゼンに行っては撃沈するなど、初めてづくしのオンパレード。

だから、そのイベントが成功したときには、思わず嬉しくて涙が出た。その姿を見ていたクライアントのおじさまたち。

いまでもお会いすると言ってくれる。

「あのときの大谷さんの涙は忘れないよ」

そして、その後もその会社からいろんな仕事をいただいた。嬉し涙は、女の武器の一つかもしれない。わたしは、なんとなくそんな気がしただけで、それをわざと使っていたわけじゃない。

そして、わたしは知っている。男性の前で、「またやってる」と思うくらいに、うまく嬉し涙を流せる女性が何人もいることを。

敏腕編集者に会って、企画書を出して、

「わたしなんかの企画書を見てもらえるだけで幸せです」

と涙をこぼして、ベストセラーを出した女性。

ちょっとチャンスをもらったら、

「やっと父に報告できます」

と、クライアントの前で涙を流せる女性。

そして、そんな女性こそ、確実にチャンスをものにしていく。

逆に涙も見せず、地道に人が嫌がる仕事や人のサポートをしている女性が、嬉し涙を流した女性にチャンスをもっていかれたケースも、たくさん知っている。

「あんたも、嬉し涙を流せばいいのに」

と笑って突っ込んだことがあった。

笑いながら返ってきた言葉は、「そんな、男の前では泣けません」だった。

「損してるかも」「そうかもしれませんね」と、2人で笑った。

わたしは、薄々わかっていたけれど、あえて、それを武器には使わなかった。

いまとなっては、嬉し涙かドライアイかもわかってもらえない。年を重ねると、普段からドライアイでしょっちゅう涙してしまう。

もっと戦略的に嬉し涙を流しておけば、もっといろんなチャンスがあったかも……。

部下に拗《す》ねられるほど、うっとうしいものはない

恋愛初期のカップルなら、ちょっと拗ねても可愛いかもしれない。

「どうして、もっとわたしのこと構ってくれないの」

とふくれても彼が、

「ごめん、ごめん。次の休みに埋め合わせするよ」

と言ってくれるかもしれない。

それどころか、優しい彼ならば、なんで拗ねているのか心を汲《く》んでくれるかもしれない。

上司は、あなたの彼でもなければ夫でもない。

それどころか、わたしの場合、部下の女性に拗ねられるほど、うっとうしいものはない。

たしかに、細かいことを言うときもある。それは部下のためでなくて、自分のために言っ

ているこどもある。

わたしの場合、それは時間。

仕事柄、遅刻することが許されない。

そして、イベント会社の社長時代、吉本興業の社員時代、タレントが遅れて来るほどつらいことはなかった。お客さんがイライラしたり、ヘタしたら、それで仕事をなくしたりすることだってある。

生放送やイベントでは、一分一秒にドキドキしていた。

日常、事故など予想外のことも起きる。だから、わたしは、必ず早めの行動をする。

慣れない場所に行くときなどは、早めに行って、場所の確認をしてから時間を潰す。もしものときにはリカバリーできるように、飛行機も1便、2便くらいは早めを手配するし、新幹線も1時間くらいは予定よりも早めに動くことが多い。

だから、部下が待ち合わせに遅れて来るとか、ギリギリに来るのが心のどこかで許せない。

わたしはも黙っていられずに、

「待ち合わせの場所に10分前に来るのは、社会人のマナーだよ」

と、一度は丁寧に指導する。

にもかかわらず、二度めもギリギリに来るスタッフがいると、わたしは、社会人としてマナーがなっていないとか細かいことを言ってしまう。

そんなときに拗ねる女性がいた。

口をきかない、というか黙ってしまう。これからお客さんのところに行くのにモチベーションが下がる。

「もうついてこなくていいから」とその場から帰ってもらった。

◉拗ねて許されるのは恋人関係の男にだけ

上司力のトレーニングなどでは、

「部下が失敗したときに、一方的に注意するだけでなく、『どうして間違ったの?』と、相手に考えさせましょう」

というものがある。わたしも、そんな研修をしている。

だから、意識して、「どうして間違ったの？」「どうやったら間違えないようになる？」とたずねるようにしている。

すると、ある部下は、「そんなことわかっていたら間違えないです」と拗ねてしまった。たしかにその通りかもしれない。

わたしも聖人君子じゃない。一貫性がないことだってある。

「この書類、急いでつくって」と言っておきながら、別の仕事が入ってくると、「こっちを先にやって」となって、そのことを忘れて、

「ところで、さっき頼んだやつ、まだできてないの？」

と、相手のことを考えずに言ってしまうことだってある。わたしも悪い。

そんなときは、「どちらを先にやったらいいですか？」と返してほしい。

ところが、黙って拗ねてしまう部下もいた。

「ごめん、わたしが気をつけるべきだったね」と言ってもだんまり。これがいちばんつらい。ご機嫌を取るという余計な行動をしなければならなくなる。何よりも会社の空気が悪

くなる。

わたしも若い頃は拗ねたことがある。

何をもっていっても、

「これが本当にいいのか」

「誰がやるんだ」

「絵に描いた餅じゃないのか」

と当時の上司に突っ込まれて、拗ねた。いまから思えば、わたしのために、その上司は言ってくれていた。でも、ことごとく否定されると悔しくなって、「この人に何を言っても無駄」と、口をきかずに拗ねた。

「わたしには、まだそんな力ないですから」と勝手に拗ねて、ふくれっ面をした。

「俺の女でないのに拗ねるな」と怒鳴られた。

ほんま、そう思う。上司は、恋人じゃない。

さりげなく、居心地の悪い場所をつくる

なんとなく「居心地の悪い場所」をつくる。そんな意地悪や、いじめがある。

誰にでもわかるいじめじゃない。でも、その場所をつくられている当の本人は、「居心地が悪い」。

それがエスカレートすると、会社が嫌になったりする。

明らかにいじめられているというわけではない。意外と女性の社会に、これがある。

わたしも何度かそんな場所をつくられた。そして、この話を持ち出すと、わたしの他にも、そんな場所をつくられた経験をした女性が結構いることを発見。

わたしは、女子大に通っていた。しかも京都のお嬢様大学。おしゃれで、いつもきれいにしている友人も多かった。わたしは、ジーンズにスニーカーのちょっと変わった学生だっ

た。でも、仲間に誘われると断れない。そんな女子大生だった。

するとどうなるか。

合コンの人数合わせに誘われる。

着飾った友達の中で一人、着飾れないわたし。当然、なんとなく居心地は悪くなる。

しかも、男性たちは、着飾って、「キャー」とか、「ワー」とはしゃぐ女性たちと盛り上がる。いつのまにか、わたしは、いるのかいないのかわからない存在になる。

そして、言われる。

「もう少し楽しそうにしなきゃ」

だったら、わたしを誘わないでほしい……と、何度も思った。もっとも、いまから思えば、ノコノコついていく自分も自分だった。

社長時代、部下たちが飲み会をする。そこにわたしだけが誘われないことはよくあった。それはそれでいいのだけれど、いちばんうっとうしいのは、その話で盛り上がっていること。

「あのとき、こうだったよね」

「ほんと、楽しかったね」

もちろん、その話にわたしは入れない。わたしのいないところでやってほしいと思った。

それでもわたしは経営者だから別にいい。困るのは、同じ職場で自分たちの気に入らないメンバーをはずして飲み会や旅行を企画すること。

誘ってもらえなかったメンバーの前で楽しかった話をされると、行けなかったメンバーはたちまち居心地が悪くなる。

「別にわたしは誘ってほしくなんてないですけど、気分悪いですよね」

と、誘われないメンバーが言った。こんなことで職場の空気が悪くなることがいちばんつらかった。

また、子育てや介護があって誘われても行けないメンバーもいる。

その前で、旅行や飲み会の楽しかった話をする。行けなかった当人は、笑って聞いているけれど、絶対に居心地が悪い。

◉自分の縄張りを荒らされたくない心理

大阪にいたときはあまり感じなかったけれど、東京に来て、この居心地が悪い場所がたくさんあることに気づいた。

異業種交流会などに行くと、「大阪なんですか。関西人って苦手なんですよね」と、よく言われた。しかも当時のわたしは、わけのわからないイベント会社の名刺。知り合いに誘われて参加したものの、明らかに「何よ、この人」という態度を取られた。

それだけじゃなく、絶対にわたしが知らない人などの名前を出して、わたしを誘ってくれた友人と盛り上がる。

「○○先生に先日お会いしたんですよ」という感じ。

なぜ人は、わざわざ他人が居心地の悪い場所をつくるのだろうか。

わたしは不思議だった。あれから、いろんな場所に出てみて、いろんな女性の話を聞いて、なんとなくわかってきた。

「自分の居心地のいい場所をつくりたいから」

という話になった。

そう言われれば、いろいろわかる。

自分の縄張りに誰かが入ってくるのが嫌なんだ。

でも派閥みたいに、たいそうなものじゃない。

逆に、「派閥をつくっている」と思われるのも嫌。

自分がいい子でいたい。それで、なんとなく自分の縄張りを荒らされたくない人に対して、居心地の悪い場所をつくる。無意識かもしれない。

だから、わたしは誰かの居心地の悪い場所をつくらないように、必死になっている。

セミナーなどを主催するときは、誰とも話をしない人がいると、できるだけ話しかけるようにしている。パーティでも一人の人がいると、できるだけ話を聞いて、気の合いそうな人を探して紹介したりする。

身近な人に無視されるほど、つらいことはない

悪気があるのかないのか、意識しているのかどうかはわからない。でも、こんな意地悪が職場や学校にある。

中学生のとき、わたしは、クラスの女の子全員に嫌われた。「きっかけ」は、生理で体育を休んでいる女の子に、男の子たちが、「なんで体育を休んでいるの?」と、わざと聞いた。

わたしは、「彼女、生理に決まってるやん」と言ったのだった。

「やっぱり、そうなんだ」と、嬉しそうに男の子たちが言って、彼女は恥ずかしくて泣き出した。その日から、わたしはクラスの女の子全員の敵になった。

誰も口をきいてくれない。わたしだけをはずしての交換日記、わたしがわからない合言葉での会話。わたしは、完全に孤立した。それでも、なんとか耐えていた。誰も口をきい

てくれなくても、本などを読んで過ごしていた。

いちばんつらかったのは、担任の男の先生がそれを知って、「クラスの女子全員、放課後残って話し合え」と言ったことだった。

そんなことをされたら、いちばんつらいのはわたしだということが、わからないのだろうか？　吊るし上げられるだけ。わたしは無視して帰った。

けれども、この件はある日、一気に解決した。クラスでいちばんモテて、カッコいい男の子が彼女たちに言ったらしい。

「もう中学2年生のこのクラスも終わりだし、仲良くしようよ」

その一言で、みんなが口をきいてくれるようになった。

◉露骨な態度で相手を閉め出す

ある派遣の25歳の女性の話。彼女は、産休の女性の代わりに派遣でコンサルティング会社に勤務した。派遣だけれど頑張った。すると、みんなに可愛がってもらえた。

そして、産休の女性が戻ってきても、

「しばらくは彼女は子育てもあるし、時短の勤務になるから、契約を更新してあげるよ」

という話になった。もちろん派遣の女性は喜んだ。

ところが戻ってきた産休の女性は、派遣の女性がみんなに可愛がられて、頑張って仕事をしているのが気に入らなかったらしい。わざとか無意識かは別として、派遣の女性がしゃべりかけても目も見ない。ほとんど無視。

派遣の女性がいままで通りに電話を取ると、「わたしが取るから、あなたは取らなくていい」と言われた。

男性社員が派遣の女性に仕事を頼もうとすると、「わたしに言ってください」と言う。

それでも頑張っていたところ、人事から、「派遣でなくて、契約社員にしてあげようか」という話になった。

それにまっ先に反対したのは、産休から戻った女性。

「そんなに人はいらないんじゃないですか」

「契約社員の女性を採るくらいなら、新入社員の男性を採用したほうがいいんじゃないですか」

結局、その派遣の女性は次の契約を更新せずに、その会社を去った。

「ケンカしても仕方ないし、たとえ契約社員にしてもらっても、彼女がいる。そんな職場にいたくない」と言っていた。

ある飲食店の女性経営者。

彼女の店に来るのは、昔からの彼女のお客さんが多い。だから、彼女はものすごく気配りをする。お客さんの顔を覚え、好みを覚え、誕生日や家族構成まで気にしている。つい店の他の女性の言動もチェックしてしまう。

「ビールの泡が消えている」

「もっと笑顔で接しなさい」

小さなことでも気になる。

それを繰り返していたら、店の5人の女性全員が、彼女の言葉を無視するようになった。

一応、「はい」とは言うものの、まったく行動に移してくれない。

「どうしてできないの」と聞くと、

「わたしは社長じゃないですから、言われたことをすべてやるのは無理です」と言われた。

そんなある日、彼女は5人が話しているのを偶然耳にした。

「わたしたち5人で、この店を辞めたら困るだろうなあ」

彼女はとっても悲しかったらしい。でも、そのときに決心した。

「細かいことを言うのはやめよう。そして、感謝の言葉だけを言おう」

無視されるほど、つらいことはない。

でも、無視という行動を簡単に取る女性は意外と多い。

そんな話をしていると、ある男性が言った。

「そうなんだよ。夫婦ゲンカしたら、僕の嫁さん、1週間くらい無視するんです。黙ってごはんを出す。黙って着替えをくれる。これ、つらいです」

仕事は夫婦ゲンカじゃない!!（笑）

平成生まれvs昭和生まれ、理解し合える？

自分たちが当たり前だと思っていることが当たり前でなかったり、自分たちが使っている言葉が伝わらなかったりする。

たとえば、チェッカーズの大ヒット曲、『涙のリクエスト』。昭和世代のほとんどが知っているこの曲の歌詞、平成生まれには通じない言葉がいっぱいある。

「最後のコインに祈りをこめて……って何？」

「トランジスタ……見たことない」

こんな感じ。

わたしの友人がカラオケで『恋に落ちて』を歌った。

「ダイヤル回して　手を止めた……」

と、サビあとの歌詞を歌ったところ、18歳の女性に言われた。

「何のダイヤルを回したのですか？」

電話のダイヤルの説明をすると、

「彼の金庫の中に何か秘密のものが入っていて、それを盗もうとしたのかと思いました」

という答えが返ってきた。これらは笑い話で済む。でも、職場での話となると、昭和生まれの女性たちのぼやきになる。

◉ギャップがあるからこそ面白い

「メールで『休みます』や『会社を辞めます』はやめてほしいよね。何でもメールで終わらせないでほしい」

ところが、平成生まれに言わせると、

「就職活動で一生懸命エントリーシートを書いて応募しているのに、メール一本で落とされます。会社を辞めるときにメールで連絡するのは、どこが悪いんですか？」

ということになる。

恋愛もメールで始まって、メールで終わるらしい。

というメールが彼から来てつき合いが始まったものの、しばらくして、

「つき合おう」

と、彼からメールが来て恋愛が終わる。

「別れよう」

なんとか部下とコミュニケーションを取ろうとして、

「好きなタレントとかいるの？」

とたずねたら、返ってきた答えが「Sexy Zone」。

キョトンとしてしまった。そして、偶然その部下のフェイスブックの書き込みを見つけた。

「『好きなタレントいるの？』なんて、昭和の質問を上司にされた。でも、Sexy Zone知らないんだよね。無理しなくていいのに」

その書き込みに応えるように、

「部下とコミュニケーションを取りましょう……とか言われているみたいだけど大変だね」

どっとブルーになった。

事件は現場で起きる。

「郵便を出しておいて」

20通の封書をインターン生のゆかちゃんに渡した。2日後、封書が戻ってきた。

切手が貼られていなかった。

「切手貼ってないの？」とたずねたら、

「切手、貼らなきゃダメだったんですか？」

そうだよなあ。彼女たちは、LINEにメール、せいぜい郵便を出しても年賀状。

無理もない。我が社では、

「ゆかちゃんのおかげでネタができたわ」と、笑い話で済んだ。

かつては、先輩から教えてもらうのが普通だった。ところが、いまでは昭和の人間が平成の人間に教えてもらわなければならないこともある。

「どうやってLINEの設定するの？」

「メッセンジャーで写真、どうしたら送れるの？」

「ダウンロードって、どうやってやるの？」

スマートフォンのことになると、平成生まれのほうが詳しかったりする。

でも、意外なことを平成生まれができないこともある。

「どうやったら、ファックス送れるのですか？」とたずねられたときには、「ファックス、送ったことないんだ」と、ちょっと優越感を覚えたある友人は得意げに教えたという。

生まれたときからパソコンもあれば、携帯電話もある。それが平成生まれ。

「昔はそんなものなかった」と、昭和の人間がいくら言っても想像できない。

「店が決まったら、ＬＩＮＥで送ります」

「駅に着いたら、ＬＩＮＥします」

仲間に入れてもらうために、必死についていこうとしている昭和の世代。食わず嫌いせずに、使いこなすとやっぱり便利。

オマケの章

家の中でも、オンナの敵はオンナ？

——母親、姑、姉妹、娘とのシビアな関係

女性もいろいろ
私の母はとても若々しくかわいらしい人で
60すぎて現役の水泳の先生
かなり我の強い父にいつもふりまわされている
ザ・亭主関白
早くしろ
これやっとけ
家事は女の仕事
あれつくれ
がみがみがみがみ
IN富山
先日父が体調悪くなって機嫌が悪いると聞いて
お母さん大変そうだなーまた電話しようかな
あ、お母さんからメール
ピッ
ユキちゃん「富山の祭り」をテーマにイラスト本を出したらどう？
前々から思ってりたの是非ご検討を！
……

思ってたより
元気なのかな？
とりあえず
返信っと…
富山の祭りだけじゃ
マニアックすぎて
本にならないよ
ピッ
いやいや昔と違う
よ富山は！調べてみて！
新幹線が通って県外から
のお客も増えていて
とても活性化しているの
それにいま富山は…
すぐきた
珍しく熱いな…
もしかして
現実逃避？
大丈夫？
とにかく
返信っと
そうなんだろう
けど富山の祭り
だけで出そうと
する出版社は
ないと思うよと
いう意味だよ
ピッ
そこまで
考えて
なかった
しーーーん
え？これで
メール終了？
結局
なんだったの？
じぃ
こんなかんじで
かなりマイペースな
ところもある母
だから

私も器が小さいし話しているとすぐイラッとしてしまう
そんなにグチグチ言うなら別れて一人暮らしすれば？
もー
そういうわけじゃなくてちょっとグチを聞いてもらえば大丈夫なの〜
えー
本当は優しくしたいと思ってるのに難しい
はあー
また怒っちゃった落ちこんでるかもなあ
ところでマイペースといえばこの人が一番かもダンナのおばあちゃん
なんと100歳にしてひとりぐらし
背すじしゃっきり
買い物も一人でする

もともとは
息子(義父の兄)家族と
同居してたのが
お嫁さんとケンカして
家を出たらしい
お義母さん
でもいまは ひとりぐらし できてる 自分が 誇らしい みたいで
同居願望ゼロなの
いろんな意味ですごい!!
そう女性もいろいろ
生き方もいろいろ
性格もいろいろ
どうやって生きるのが
幸せかも
みんなバラバラ
どんな女性と
親しくなるか
どういうふうに
つき合うか
それを選ぶ
決め手は
きっと
自分が
どんな女性に
なりたいか

母と娘だからこそ、うまくいかない

大好きなはずの母と娘。なのに、近すぎて、うっとうしいと思うこともあれば、言い合いになることもある。だからといって、他人に母親の悪口を言われたら腹が立つし、元気で長生きしてほしい。とっても微妙な関係。

当たり前のことだけれど、子どものときのわたしは、母親が大好きだった。

そして、物心ついたときには弟がいた。

記憶にないけれど、わたしは、２歳年下の弟をいじめていたらしい。ベッドから落としたりしたと母は言う。母親を取られたのが寂しかったのだと思う。なぜか、その記憶だけはある。

「お姉ちゃんだから」

そう言われていつも我慢した。

甘えたらダメだと自分に言い聞かせた。それでも、めっちゃ甘えたかったのだと思う。だから小学生のとき、母親と2人で買い物帰りに喫茶店に寄って、クリームソーダを飲んだときの嬉しかった記憶は、いまも鮮明に残っている。

なのにわたしは、今から思うと、

「なんで、あんなに反抗したのだろう」

と思うくらいに、母親にありとあらゆる反抗をしてきた。

母親は元教師だった。そして、父と結婚して専業主婦になった。努力家で父に尽くし、頭もよく、美人だった母親は、たぶん世間から見ても理想の女性だった。それだけに、娘の躾《しつけ》にも厳しかった。

ところが、娘のわたしは勉強はできない、おばあちゃん子でわがままで、他力本願《たりきほんがん》。

母が何とかしようと厳しくすればするほど、反抗する子どもだった。

勉強はしない。だから成績は、かなりひどかった。友達と遊んでばかり、漫画ばっかり読んでいた。なのに、ませているから恋愛だけはする。

中学生のとき、母に置き手紙をされた。

「ママは情けないです」

びっくりした。でも、そんなことされても余計に反抗するだけ。

勉強もできないのに、当時の口ぐせは、

「ママみたいに、パパだけが生きがいの人生なんて送りたくない」

本当に可愛げのない娘だった。

また、そんな娘に対抗するかのように母も言う。

「なら勉強して、いい大学に行きなさい」

でも、勉強はできないわたし。

「大学だけが人生じゃない」と、またまた屁理屈《へりくつ》。

そんな娘にもかかわらず、いまから思えば、母親は塾を探してきたり、予備校に並んでくれたりした。なのにわたしは、塾を途中でやめたり、予備校でも遊んでばかり。

そして、「親の敷いたレールの上で生きるなんて、まっぴらご免」と吉本興業に入社。

にもかかわらず、母は、何度も劇場に来てくれた。

◉誰よりもわかってほしい人なのに

素直に応援してくれているのかと思えば、結婚して子どもを産むことが大切だと思っている母は、こう言う。

「サッサと結婚しなさい」

それに反抗して、男と同棲《どうせい》。

それでも、結婚式でいちばん泣いていたのは母親だった。

なのに、最初の夫とは離婚。

「離婚なんてするもんじゃないわよ」と怒りながら、孫であるわたしの娘の面倒を見ていたのは母親。

感謝しているけれど、たまに母と一緒にいると、

「あんたのせいで、どれだけママが大変だったか……」

という話になる。正直うっとうしくなるときがある。

しかも過去の話ばかり。最初は黙って聞いていても、最後はキレそうになる。

「そんな昔話ばかりされても仕方ないやん！」

もちろん、母も黙ってない。

「あんたは好き勝手してきただけでしょ」

二度と実家に帰るものか……と、思う。

ところが離れていると、やっぱり気になる。

因果応報《いんがおうほう》だろうか。娘もわたしに反抗する。

「ママみたいになりたくない」と言う。

だったら、サッサと結婚して、幸せな家庭をつくってくれたらいい。そう思う。

そんな娘は彼と別れて、仕事に燃えていたりする。

仕事に燃えていても不安だし、恋愛していても不安になる。

幸せになってほしいから、イラッとすることもある。

「なんで、何もかも中途半端なの！」

娘にキツい言葉を言った。

しっかりしてほしくて言った言葉。

その言葉を聞いて、母が言った。

「なんで、あんたは、そんなにキツいことを娘に言うの」

自分がキツかったことなんて、すっかり忘れている。

それでも、母も娘も元気で幸せでいてほしいと思っている。

なのに、どちらも会えば、つい言わなくてもいいことを言ってしまう。

その究極は、

「わたしのことなんてわかってないじゃん」

と、お互いに言い合う。

たぶん、いちばんわかり合いたいから出てくる言葉かもしれない。

嫁姑問題が解決されることはない？

わたしは、結婚を2回しているけれど、嫁姑問題はほとんどない。

もっとも、同居しているわけでもないし、会うのも年に1度か2度なので、偉そうなことは言えない。

それどころか、どちらの夫の母親も、わたしよりはるかに人間ができていて、気をくばってくれている。感謝しなければならないのは、わたしかもしれない。

わたしの周囲では、嫁と姑の関係が話題になることも多い。

そして、ちょっとしたことで揉めたり、嫌な思いをすることも、お互いにある話。

ある友人は、出産のときに尾てい骨が折れた。

退院して自宅に戻ったときに、夫の両親が家にやってきた。

そこで、「出産のときに尾てい骨が折れたんです」と話をすると、

「大丈夫なの？　大きくなったときに後遺症は残らないの？」

と、お姑さんが赤ちゃんを見て言った。

「あっ、子どもじゃなくて、わたしです」

と言ったところ、

「そうなの。子どもじゃなくてよかったわね」

と言われたそうだ。その一言で、姑との信頼関係は壊れた。

「わたしのことなんて、どうでもいいんだ」

彼女は、夫の両親とはほとんどつき合わなくなった。

また、知り合いの70歳の女性のケース。

彼女は、息子夫婦と仲良しだと信じていた。実際、息子が結婚して5年くらいは、一緒に旅行したり、しょっちゅう息子夫婦の家に行ったりしていた。

ところが、あるときから、「行ってもいい？」と電話をしても、「その日は都合悪いので……」と断られるようになった。

それどころか、旅行に誘っても断られるし、家に誘っても来てくれなくなった。

息子夫婦の家を買うときには資金も出した。

「家まで買ってもらっておいて、何が気に入らないのかわからない」

その女性はわたしにこぼす。一人っ子の一人息子だけに納得がいかないらしい。

「なんでこうなったのか、わからない」「息子も息子よ」と、いつもぼやいている。

彼女のように、「わたしの何が悪いのかわからない」という姑は多い。

◉自分の親以上に深い縁で結ばれるケースもある

そうしたケースとは逆に、嫁姑が固い絆《きずな》で結ばれていることもある。

友人の中には、こんな人もいる。彼女は、夫が同居の母親ばかり大切にする気がしていた。若かったせいもあって、ある日キレた。

「あなたは、わたしよりもお母さんが大切よね」

なんと夫は、「あたりまえだろ」と言った。

「もうダメ」と思ったときに、姑が言った。

「わたしは息子よりも、あなたが大切よ」

「何かあったら、息子を放り出すからね」

「わたしは、あなたがこの家に来てくれて本当に嬉しいの」

そのときから、姑が愛《いと》おしくなった。もちろん、時には言い合いすることもあった。

「主人の母は自分の親以上に大切なの」

と、最期まで姑の介護をした。何より、夫の姉も妹も彼女を大切にした。

「いつもありがとうね」

「あなたが嫁で本当によかった」

その言葉に支えられてきたらしい。

またある男性は、40歳で23歳の女性と結婚した。

それまでは気楽に実家で暮らしていた彼。親の希望もあって、そのまま実家で暮らすことになった。家も広いし、問題はないと思っていた。そして、子どもが生まれた。

最初は、うまくいくと思っていた。

ところが、70代後半の母親は、20代前半の嫁と子どもにハラハラ。ちょっと泣くだけで、「おしめ替えなきゃ」と言うかと思えば、寒くないように服をいっぱい着せた嫁に、「そんな過保護じゃダメ」と、いちいち口を出す。

嫁は、育児ノイローゼになりそうになった。

そして、「一緒に暮らしたくない」と言い出した。

彼は慌てて、自分たちの家を建てて別居することを決意した。

ほどほどの距離で、いまはなんとか、うまくいっている。

嫁と姑、他人だけれど他人じゃない。

だからこそ、お互い、気を遣うことも大切だし、甘えることも大切。わたしも自分に言い聞かせている。

姉妹で彼氏を奪い合う、という現実もある

高校生の1歳しか離れていない姉妹をもつお母さんから、お茶に誘われた。

「大谷さんに相談したいことがある」とのことだった。

どんな話なのかと思ったら、「お姉ちゃんの彼を妹が奪う」という話だった。

聞けば、それも一度や二度のことじゃないらしい。また誰が見ても、お姉ちゃんよりも妹のほうが明るくて可愛いらしい。

それだけでなく、勉強も妹のほうができるという。

「中学生のときから、お姉ちゃんが好きになった男性を必ずと言っていいほど妹も好きになるんです。そして、いつも妹のほうに彼は夢中になるんです」

中学生、高校生の恋。そんなに長く続くこともなく、妹はすぐに飽《あ》きるという。

そして、また、お姉ちゃんが好きになった人を好きになる。

ある日、お姉ちゃんがお母さんの前で泣き出した。

「わたしの欲しいものは、みんな妹に奪われる」

そう言った。

「まだ高校生だけれど、この状態が大人になっても続くと思うと、お姉ちゃんがかわいそうで、わたしはどうすればいいのかしら」

母親だから、どちらの娘も可愛い。どちらにも幸せになってほしい。

でも、妹に対して、

「お姉ちゃんが好きになった人を好きになるな」

とも言えない。そうでなくても、このお姉ちゃんの場合、一方的に好きになっているだけで、お姉ちゃんの彼ではない。

わたしには姉妹がいない。弟2人だから、そんな悩みはなかった。

姉妹がいる友人にたずねてみると、同様のことを耳にした。

「妹に彼を取られた」

という人もいれば、

「姉に彼を取られたことがある」

という人もいた。

強者は、

「わたしのことを好きという男性がいたけれど、わたしは彼に興味なかったの。でも、とってもいい人で、かわいそうだから、妹を押しつけちゃった」

などという女性もいた。実際、彼女の妹は彼と結婚した。

「とってもお似合いの夫婦なのよ」と、あっけらかんとしている。

姉妹だから、相手が不幸になればいいと思っているわけじゃない。

恋愛となると、ライバルになることもあるらしい。

◉姉妹だからこそ生まれる問題と幸せ

奪い合うのは、「彼」だけじゃなかった。姉妹2人だけの場合、財産で揉めることもある。

逆に介護となると、親を押しつけ合うこともある。

どちらも結婚していて、夫の家庭の介護があれば、2人とも自分の親まで見られないこともある。もっとも、男性の兄弟でも同じことが起きる場合がある。

「幸せになってほしいけれど、自分よりも幸せだったら、なぜかムシャクシャするんだよね」

そんな本音も聞こえてくる。

逆に、結婚していないわたしの友人の女性は、姉妹の子どもが可愛くて可愛くて仕方ない。

「わたしは結婚していないし、すべての財産は姪《めい》っ子《こ》にあげるから、大きくなったら、かたちだけでも養女にするの」などと言っている。

また、別の女性は、独身にもかかわらず、彼女の姉が離婚して子ども2人を連れて実家に戻ってきた後、母が亡くなり、その後、姉がガンで亡くなったので、姉の子どもを一人で育ててあげた。

「姉の忘れ形見だと思って……」

生きているときは、いつもライバルでケンカもしょっちゅうしていたという。

あるとき、病床で「子どもたちをお願い」と言われた。「この子たちの面倒を見るのは、わたししかない」と覚悟したらしい。

「不幸になったらいい」と思っているわけじゃない。

でも、姉や妹が自分よりはるかにステキな暮らしをしていたり、幸せだったりしたら、なんだか落ち着かない。それが姉妹らしい。

可愛い娘が敵になるとき

自分が産んだ娘は、当然可愛い。そんな彼女が敵になることもある。

まず、女として確実に老いていくわたしに対して、娘は確実にきれいになっていく。肌ツヤといい、胸のふくらみといい、どう見ても、わたしが失いつつあるものを、娘は確実に手に入れていく。ある日、娘のジーンズを洗濯していて気づいた。

「長さは、わたしのより長いけれど、このジーンズ、わたしは絶対入らない」

ちょっとショックだった（笑）。

わたしは、25歳で娘を産んだ。

38歳のときだった。娘と歩いているときに、中学時代の同級生の男性と会った。

「君の娘？」

「そう」

「めっちゃ、きれいやん！」

「わたしは？」

「若さには、勝てないやろ」

関西人の男性は、口が悪い。

「だって、彼女に水をかけたら弾《はじ》くやろ。でも、君に水をかけてもきっと弾かないよ」

もちろん、わたしもボケた。

「たしかに流れるかなあ……。しみ込むかも。あんたも同じでしょ」と応酬。

「ほんまやわ」と、彼も笑った。そのとき自分の手を見て思った。

「絶対、10代の手じゃないよなあ」

ちょっと、娘がうらやましくなった。自分にだって10代の頃があった。

娘と年齢が代えられるなら、3日間だけでもいいから代わってみたい（笑）。

◉娘の若さに嫉妬する母親の心境

子育てをしていると、娘にキツいことも言う。

「なんで、こんな計算できないの」

「なんで、忘れ物ばかりするの」

「サッサとしなさい」

娘は、おばあちゃんのところに逃げる。

「ママにまた怒られちゃった」

娘は時として、同情してもらえるような言葉を使う。

「きっとママは、わたしのことなんて可愛くないのかも」

すると母は、自分の過去を忘れて娘のわたしを責める。

「なんで、そんなにキツく言うの」

「あんただって、そんなに勉強できたわけじゃないでしょ」

ヘタしたら10倍くらいになって返ってくる。わたしが子どもの頃、自分がもっとキツく怒っていたことなんて、完璧《かんぺき》に忘れている。

父親は、娘が可愛い。そして、娘が可愛くて妻を責めることもある。

「どうして、もっと家にいてやれないんだ」

と、働いているわたしは責められた。ある日、わたしはたずねた。

「わたしと娘とどっちが大切なの？」

彼は、「そんなの比べられないだろ」と言った。頭ではわかっているけれど、そんな答えは期待していない。

嘘《うそ》でも、「君に決まってるだろ」と言ってほしかった。わたしは悲しかった。たぶん、そのときに、「いつか別れるかも」そう思った気がする。そして、別れた。

臓器移植のボランティア団体の人と話していたときに、こんな話になった。

「娘の臓器移植のために寄付してください」

と、可愛い女の子の写真をアップすると、すぐに寄付が集まるらしい。

ところが、お母さんが病気で、

「この子の母親を助けてください」

と、お母さんの写真をアップしても、なかなか寄付が集まらないという。

そういえば、夫が妻と子どもを殺した事件があった。

世間は、「こんな子どもを殺すなんて」と憤《いきどお》った。ニュースキャスターたちも、そう言っていた。

その中で、あるタレントが、

「妻も殺しているのに、みんな奥さんのことは『かわいそう』ってあんまり言わないね」

とツッコンでいた。

娘は可愛いし、幸せになってほしい。でも、ちょっぴり娘に嫉妬しているわたしもいる。

娘は、大好きなライバル。

オマケのオマケ――あとがきにかえて
女同士だから、わかり合える？

女性管理職で、女性の部下の扱いに困っている人は多い。

実際、女性の管理職メンバーと飲んでいると、女性部下に対する悩みの話は必ず出てくる。

女性の部下をどう扱っていいかわからず苦労している女性を、過去に何度も見てきた。

「女性活用」と言われて、管理職になったものの、

「辞めたい」

「管理職なんて望んでいなかったのに」

と、つい言ってしまう女性もたくさん見てきた。

2015年の総務省の調査では、女性の労働力人口は2842万人と、2013年よ

りも38万人増加している。そして、管理職に占める女性の割合は、他国と比べてかなり低いと言われても、12・5％に増えている。だから、昔よりも、女性の上司が女性の部下をマネジメントすることが多くなっている。

ところが、いま、管理職となった女性の多くは、女性の上司の下で働いた経験がない。しかも、人をマネジメントする教育を受けたことのない人は多い。

上司に言われたことを一所懸命にやってきただけ。

出世を望んでいたわけではない。責任をもって自分の仕事をやってきただけ。それが評価されたのは嬉しい。

でも、何かにつけて、

「期待されているんだ」

「君のあとに他の女性が続くように頼むよ」

と、言われてもつらい。

それだけでなく、一口に女性と言っても、その中身は実に多種多様。

これまで紹介してきたように、最近では、とくに女性の生き方が多様化している。

同じ30代女性の中でも、キャリア志向の人もいれば、家庭志向の人もいるし、両立をめざしている人もいる。

出世に興味はないけれど、会社には残りたいと思っている人、そして派遣社員など、かぎられた期間だけ働きたい人もいる。要するに、自分と当てはまらない人は多い。

そんなメンバーの気持ちを汲み取れと言われても、わからないこともいっぱいある。

それだけじゃない。いままでと同じように数字を持たされていたり、仕事は山ほどある。

部下のことだけに使える時間はない。

男性は、基本正社員で、総合職が多いけれど、女性の場合は、正社員を望まない人もいれば、総合職を望まない人もいる。そして、感情をぶつけてくる。

「結婚していないあの人に、わたしのことがわかるはずがない」

と言われることもあれば、

「子どもを産んでいないのに、人の面倒が見られるはずがない」

と言われることもある。

子どもを産んで子育てしながら働いていたら、それはそれで、

「わたしの夫は、あの人の夫みたいに理解があるわけじゃない」

と言われたり、

「あそこまで頑張って働きたくない」

と言われたりすることもある。

実際、わたしは、部下の女性に一所懸命に仕事を教えていたら、

「わたしを大谷さんにしようとするの、やめてください」

と泣かれたこともある。

それでも、悩みや不満を、上司である自分にぶつけてくれるならいい。

「一緒に考えましょう」

と言うことができるかもしれないし、改善できるかもしれない。

ややこしいのは、悩みや不満を取引先や別の課の課長や部長に言う女性が結構いること。

女性の管理職メンバーと飲んでいると、よくそんな話になる。

事実、わたしもそんな経験を何度もした。

取引先から、

「君のところの女の子たちが言っていたよ。大谷さん、仕事を部下に押しつけて飲み歩いているらしいじゃないか……」

彼は冗談半分で面白おかしく言ったけれど、わたしは傷ついた。そりゃあ、お客さんの接待はわたしの仕事だと思っていたし、女性の部下を夜までつき合わせられないと思っていたのも事実。

「そう思ってたんだ……」

と、ちょっと悲しくなった。ちなみに、男性の部下にそんなことを言われたことはないし、万一不満があったとしても、彼らはそれを取引先に言わないと思う。

これが大手企業で、隣の課の課長に、

「うちの課長、子どもを産んでいないし、子育てをしていないから、わたしたちがどんなふうに働きたいか絶対わからないんです」

と言われたら、立つ瀬もない。そして、

「そうだよな。君たちも大変だよなあ」

なんて同調されたら、指揮系統などあったものじゃない。そして、なぜかそういうときは、「わたし」でなく「わたしたち」になっていたりする。

しかも、管理職として結果も求められていたりする。

「君のようにしっかりと意識をもって働く女性を育ててくれ」

などと上司から言われていたりする。

ところが、「意識をもって」と、部下にハッパをかけたために、

「意識ってどういうことですか？」

「長時間働くことが意識ですか？」

などと、集中放火を浴びた女性の管理職もいる。

◉いろんな価値観、考え方があっていい

「女性活躍」と言われて久しい。先日、女性メンバーと話していると、

「活躍したくないしなあ……」や「楽してお金をもらえるほうがいいに決まっている」という女性もいる。

そんな部下や仲間を持って、「どうすればいいんだろう」と、悩んでいる女性は多い。それどころか、仕事を抱えて一所懸命働いているにもかかわらず、

「あなたみたいになりたくない」

と、言われたりする。ちょっとだけ、あたたかい言葉が欲しいだけなのに、誰もそんな言葉をかけてくれなかったりする。

年齢を重ねるごとに、仕事ができて当たり前になる。数字も結果も求められる。ところが、その気のない女性はたくさんいる。

責任感があればあるほど、人の分も頑張ろうとする。なのに、誰も認めてくれない。

わたしは、誰かの悪口を言いたくて、この本を書いたわけじゃない。

女性の現場を知ってほしくて書いた。頑張っている女性に、「君がいて本当によかった」

「いつもありがとう」と、いう言葉をかけてあげてほしくて書いた。

たくさんの女性たちの取材をした。たくさんの女性の声を聞いた。

女性の敵は女性かもしれない。一方、女性の味方も女性かも。同じ女性同士だからわかり合えることもあった。

「『頑張っているね』なんて言葉が欲しいわけじゃない。『ステキに生きているね』と、言ってほしい」

「育児休暇が欲しいわけじゃない。気持ちよく子どもを預かってくれる場所が欲しい」

「病院付き老人ホームがあるように、病院付き託児所があれば嬉しい」

いろんな話が出てきた。

「いまさら、子どもができるわけない」

「不妊治療したけれど、子どもができない」

「子どもがいないだけで、わかってないみたいな言われ方されると、つらいよね」

そんな女性もいた。また、

「子育ては確実に手が離れていくけれど、介護は先が見えない」

「介護していない人に介護はわからない」

そう言う女性もいた。

「誰かに迷惑をかけているわけじゃない。不倫のどこが悪いの」

と言う女性もいれば、

「ダンナに毎日求められるくらいなら、浮気してほしい」

と言う女性もいる。本当に答えなんてない。考え方や価値観は、みんな違う。

まず、いろんな価値観、いろんな考えがあることを知ってほしい。

そして、いろんな考え方を受けとめて、一緒に何ができるか。どんなことを前向きにできるかを考えて実現していくのが、ダイバーシティであって、本当の女性活躍だと、わたしは思っている。

そんなわたしの思いに応えて、この本を書かせてくださったきずな出版の岡村季子さん、櫻井秀勲社長、このご縁をくださった永松茂久さん、取材協力してくれた女性たちに感謝しています。本当にありがとうございます。

女性の元気、組織の元気に、この本が少しでも役に立てれば、とっても嬉しいです。

大谷由里子

●著者プロフィール

大谷由里子（おおたに・ゆりこ）

1963年奈良県生まれ。京都ノートルダム女子大学を卒業後、吉本興業へ入社。故・横山やすし氏のマネージャーを務め、宮川大助・花子、若井こずえ・みどりなど、若手を次々に売り出した伝説の女マネージャーとして知られる。88年に結婚退社。91年、企画会社を設立。2003年、(有)志縁塾を設立。現在は、全国各地からのオファーを受け、講演や研修、インバウンドの企画立案などを行う。また、04年から始めた「講師塾」の修了生は、1200人を超える。

主な著書に『ごきげんで生きる48の方法』(朝日新聞出版)、『吉本興業女マネージャー奮戦記「そんなアホな！」』(立東舎文庫)、『他人を元気にすると自分も元気になれる魔法のルール』(マイナビ文庫)、『元気セラピー』(KKロングセラーズ)、『はじめて講師を頼まれたら読む本』(KADOKAWA)などがある。

公式ホームページ　http://www.yuriko-otani.com/

きずな出版

オンナの敵はオンナ
——男たちにも知ってほしい！働く女たちの現実

2016年12月1日　初版第1刷発行

著者　大谷由里子

発行者　櫻井秀勲

発行所　きずな出版
東京都新宿区白銀町1-13　〒162-0816
電話　03-3260-0391
振替　00160-2-633551
http://www.kizuna-pub.jp/

マンガ　カワハラユキコ
ブックデザイン　福田和雄（FUKUDA DESIGN）
編集協力　ウーマンウエーブ
印刷・製本　モリモト印刷

ISBN978-4-907072-81-0